EMPOWER SOCIAL GOVERNANCE,
FINANCIAL TECHNOLOGY AND DIGITAL ECONOMY

信用大数据时代

赋能社会治理、金融科技与数字经济

曾光辉◎编著

THE BIG DATA ERA OF CREDIT

中国工人出版社

目 录

第四章　企业服务

第五章　行业应用

第六章　综合金融

前　言

信用是市场经济的基础，市场经济就是信用经济。自《社会信用体系建设规划纲要（2014-2020 年）》实施以来，我国社会信用体系建设取得积极进展，信用信息批量归集、信用共享平台建设、信用奖惩制度设计、信用承诺落地推广、信用分级分类监管、信用惠民便企应用、信用服务市场培育等基础工作不断夯实，信用支撑“放管服”改革促进治理能力现代化发挥重要作用，信用支撑金融服务实体经济取得关键性突破，信用支撑营商环境优化实现质的飞跃，以信用为基础的新型监管机制加快形成，信用试点示范工作探索形成一系列可复制、可推广的经验做法。

信用大数据全面到来。随着社会信用体系建设向纵深推进，如何在生产、生活的各个领域应用信用大数据或信用服务产品为信用主体提供服务，实现企业和个人的信用价值，是信用建设工作的重点，亦是政府部门、广大企业、社会公众关注的重点。拓展信用大数据应用场景成为目前乃至未来很长一段时间内社会信用发展的大趋势。

信用大数据广泛赋能社会治理、金融科技与数字经济。2020 年，厦门国信信用大数据创新研究院紧跟社会信用体系建设发展步伐，启动国信联合实验室建设，联合新华信用举办全国信用大数据应用场景征集活动，构建信用应用生态圈。国信联合实验室以信用大数据应用场景为核心，以国家信用信息共享平台落地厦门全量数据为基础，引入数据资源、专家资源、渠道资源、资金资源四大资源，与知名高校、科研院所、行业龙头企业共建，共同深入探索公共信用信息与市场信用信息的融合应用机制，研发信用大数据创新应用场景，加快实验成果转化。全国信用大数据应用场景征集活动共征集到来自13个省（自治区）的近100份材料，覆盖政府监管、市民服务、金融、教育、医疗、旅游、电力、家政、食品安全、催收、物业管理、工程、商圈、履约、商业街、跨境贸易、控烟、纠纷调解、职业信用、应急保障、园区管理等20余类信用大数据应用场景，评选出的优秀场景优先进入实验室孵化、试点和推广。

考虑到当前全国各地都在积极探索信用大数据场景的开发应用，寻找优秀场景落地推广，但还未有较为全面地系统梳理信用大数据应用场景的图书，多数信用工作者对信用应用场景缺乏全面的了解和认识。国信研究院作为信用领域智库平台，以充分挖掘公共信用信息价值、推动公共信用信息与市场信用信息融合发展、开拓信用大数据创新应用为目标，基于在此方面的探索启动了本书的编撰。通过阐述多领域信用大数据场景的需求分析、技术架构、主要内容、创新亮点、建设成效等内容，使读者快速了解“信易+”等国内信用大数据典型应用场景内容及应用方式，帮助读者搭建一个较为系统和全面的、具有较强实操性、前瞻性和创新性的信用大数据应用体系框架。本书的出版，将为数据如何成为生产要素，政府如何推动“放管服”改革构建以信用为基础的新型监管机制，广大中小企业如何开展“大数据+”转型升级，大数据企业如何挖掘新业态新商机等问题提供重要参考和经验借鉴，将有利于推动信用大数据应用场景在全国范围的推广落地，助力全国社会信用体系建设高质量发展，提升全民信用有感、信用有用、信用有价的意识。

第一章

综合论述

在大数据时代，数据成为驱动经济社会发展的核心生产要素，如何挖掘数据应用价值、提升数据治理能力已经成为全球关注的热点问题。信用行业是大数据应用的重点领域，各类信用平台建设进程加快为信用大数据的积累奠定了良好基础。信用大数据维度丰富，具有较高的应用价值，已在公共服务、市场服务、金融服务等方面得到广泛应用，但由于信用数据存在复杂性较强、归集难度较大等特点，数据价值仍有待进一步挖掘开发，因此推动不同信用平台对接，完善跨区域信用服务合作机制，加强公共信用信息与市场信用信息融合，加快基于大数据的信用产品和服务的开发应用显得尤为重要且紧迫。

第一节　信用大数据发展历程

近年来，随着信息技术的高速发展和广泛应用，我国数据资源日益丰富，大数据产业在公共服务、市场服务等多领域得到广泛应用，有力助推我国社会治理能力和治理水平的提升，促进营商环境优化、创新创业发展和产业转型升级。信用大数据作为我国推动数字经济、实体经济转型升级的重要基础资源，是我国创新社会治理、优化营商环境等战略发展的重要资源保障，也是社会信用体系建设的基石，对于优化政府决策管理、商业智能化经营、智能预警监测、金融风险防控等具有积极促进作用，有利于推动社会信用体系建设的全面发展。

一、信用大数据的内涵与兴起

随着云计算、大数据、区块链、人工智能等新一代信息技术的快速发展和应用领域的不断扩大，催生了数量巨大、来源分散、格式多样的信用数据，对于社会信用体系建设而言既是新机遇也是新挑战。新形势下，国务院办公厅印发了《促进大数据发展行动纲要》《关于运用大数据加强对市场主体服务和监管的若干意见》《关于加快推进社会信用体系建设 构建以信用为基础的新型监管机制的指导意见》等系列文件，提出了社会信用体系与大数据相结合的建设要求，明确在社会信用体系建设过程中，要科学运用大数据创新思维，拓宽信用大数据在政务诚信、商务诚信、社会诚信、司法公信等领域应用范围及应用场景，充分释放其政务、商务和民生等领域的创新应用价值。

信用大数据的形成与社会信用体系建设发展密切相关，它是自然人、法人和其他组织等社会信用主体在日常生活和工作中产生的、反映其履行法定义务或者约定义务的客观数据和资料，几乎涵盖所有的个人和组织，数据量巨大。截至 2020 年 6 月，全国信用信息共享平台累计归集各类信息约 514. 28 亿条，行政许可和行政处罚信息（即“双公示”信息）约 2. 87 亿条，对比 2018 年同期的 280 余亿条平台累计归集信息，1. 2 亿条“双公示”信息，增长率分别高达 83. 67%、139. 17%。此外，截至 2019 年末，全国金融信用信息基础数据库收录的自然人数为 10. 2 亿人，同比增长 4. 1%；全国金融信用信息基础数据库收录的企业和其他组织数为 2834. 1 万户，同比增长 9. 7%，其中金融信用信息基础数据库收录的小微企业法人数为 1571. 3 万户。信用大数据作为一种公共资源，逐渐开始在创新社会治理、优化营商环境、服务经济社会发展等方面提供多层次、多样化创新应用。

二、信用大数据发展的时代意义

随着全球经济一体化发展，社会生产关系诸要素结合，为大数据技术高速发展提供了更广阔的发展空间和更丰富的发展形式。大数据作为新型生产要素，是一种先进的生产力，能够有效推动社会生产关系发生变化，促进国家治理体系和治理能力的深刻变革。信用大数据产生于各行各业和各个信用主体，其最终价值不在于拥有而在于如何科学应用，只有通过不同复杂程度、不同深度的数据分析和挖掘，才能为不同用户提供不同形式的应用和服务。通过大数据的创新方法和先进技术，打破信息孤岛效应，推动公共与市场信用信息融合共享，实现跨区域信用信息融合发展，促进信用大数据深度应用于分析和预测市场经济整体发展状况和趋势、重点行业和重点领域的发展、区域间信用经济发展等，进而反映宏观经济发展趋势，体现信用大数据应用价值。因此，建立健全信用大数据辅助科学决策和社会治理的机制，打破信息壁垒、推动信息共享，合理利用信用大数据平台建设，形成全方位协同的社会治理合力，将有力提升治理科学化、精准化、高效化水平，有利于增强服务经济社会发展、防范化解风险的能力，对于发挥大数据生产要素价值、实现我国经济创新发展、创新社会治理模式和公共服务模式等具有重大历史性意义。

一是有利于发挥大数据生产要素价值。作为与土地、劳动、资本、技术同等重要的新型生产要素，信用大数据具有非竞争性、非排他性、无限复用的特点，并逐渐成为一种有价无形资产。信用大数据应用为社会现代化、信息化发展提供了良好的手段，通过汇聚海量信用大数据以及基于之上的分析挖掘和处理，让信用大数据实现从信息到知识再到智能的价值转换和升华，为社会提供智能的基础。政府和企业引入大数据资源、运用数据化手段对市场进行深入分析和精准定位，利用大数据平台分析激发产业经济，发展自主创新能力，促进经济发展中的数据流、技术流、物质流、资金流、人才流协同创新发展，促进生产要素集约化整合和高效化利用，有利于分析和调整产品结构，有利于对未来经济整体发展趋势作出科学性、系统性决策。数据从公共资源转化为提高经济效益的重要生产要素，能够充分发挥出对传统要素的配置优化、投入替代、价值倍增的作用，从而全面激发对经济社会价值创造的乘数效应，有效发挥大数据作为新型生产要素的最大价值。

二是有利于推动我国数字经济高质量发展。现代社会经济形态下，移动互联网、云计算、大数据、新能源、人工智能等技术将人们带入智能时代，信用大数据作为一种重要的社会资源，在促进经济增长方式转变方面具有十分重要的作用。在信用大数据开放应用的基础上，可使传统经济运行机制得以改变，促使产业结构实现优化升级，使经济运行效率及水平能够得以有效提升。通过信用大数据开放应用，能够有效促进传统产业组织和运行模式创新，实现传统产业研发设计、生产制造、物流运输、售后服务更加精准、高效和智能。另外，通过信用大数据应用，促进了新型信息服务业态的孵化，实现营销、征信、互联网金融等领域大数据信息服务的崛起，有利于优化商业资源配置，提高经济整体效率，推动数字经济发展，助力经济社会高质量发展。

三是有利于社会治理模式创新。信用大数据的开放应用，有利于打破传统的政府部门信息壁垒，突破政府垄断，能够有效促进和实现政府数据资源共享，对于城市管理、乡村振兴和社会治理等事务开展过程中提升政府部门间协同治理能力具有积极的促进作用，同时，也能够促使政府在开展公共服务和社会治理过程中更好发挥主观能动性，展现个性化及主动化服务职能，促使公共服务和社会治理质量显著提升，对于社会治理模式创新起到积极推动作用。另外，通过促进公共与市场信用信息的有效融合，有利于政府部门更全面地掌握社会运行动态。通过科学应用大数据、区块链、人工智能等先进技术进行数据分析，有利于政府部门实时掌握社会运行规律，在此基础上制定相关应对策略，能够有效提升政府部门防范社会风险的水平，促进社会治理模式不断创新与改革，实现社会稳定良好发展。

四是有利于公共服务模式创新。大数据技术的全面推广应用，能够有效提升政府对公共服务资源供给的配置效率，实现按需供给，避免资源浪费，而公共服务高质量发展本质上是公共服务供给侧与公共服务需求侧之间的精准匹配问题，因此，通过构建以信用大数据驱动与政府政策联动的公共服务高质量发展模式，是适应大数据时代对公共服务供给能力建设的新要求。通过信用大数据开放应用，有效促进公共服务的供给智能化，促使公共服务供给主体、供给方式等得到优化，实现将传统公共服务供给主体零散化转变为供给主体协同化、集约化的运行体制，促进政府部门公共服务供给模式流程再造，实现公共服务供给的精准化、智能化和简约化，有效提升公共服务能力。

第二节　信用大数据创新应用现状与形势研判

随着大数据应用产业的快速发展和应用落地，大数据应用产业正在成为中国数字经济发展的重要驱动力。自《促进大数据发展行动纲要》实施以来，在各产业界的共同努力下，我国大数据应用产业发展成效显著，产业链逐渐完善。相关资料显示，截至 2020 年 2 月，全国拥有 100 多个大数据相关产业联盟，研发投入超过 550 亿元，大数据产业规模超过 10100 亿元①。目前，政务服务、金融、社会治理、互联网、通信等产业已与大数据实现深度融合。同时，医疗、交通、教育、社会保障等领域的信用大数据应用也在加速推进。

一、信用大数据创新应用现状

随着信用大数据应用的深入推进，社会各界运用大数据创新应用思维，信用大数据的惠及面不断扩大，逐步形成“创新应用、社会共建、全民参与”的信用大数据惠民便企新格局。

在惠民方面，近年来全国各地结合地方特色，陆续开展种类繁多的信用惠民举措，包括“信易行”“信易游”“信易药”“信易医”“信易阅”等 60 余种信用大数据应用场景，如表 1-1 所示，信用惠民应用整体呈现器口小、地域窄、领域多、形势新的特点。信用大数据惠民应用主要是基于个人信用分，以分数为主要参考条件，达到某一分数线者即可享受特定的“信易+”服务。据不完全统计，已有 21 座城市正式推出了地方性的个人信用分，如杭州市“钱江分”、厦门市“白鹭分”、苏州市“桂花分”、宿迁市“西楚分”、威海市“海贝分”、郑州市“商鼎分”等。个人信用分应用场景基本集中于行政及公共服务。可以预见，城市信用分未来将被广泛应用到图书馆免押金借阅、乘车、约车、智慧医疗信用付、信用租房等各种民生信用服务，甚至可能用到社交、养老等领域，为市民生活的方方面面提供便利。

---

① 根据中商产业研究院相关数据得出。

表 1-1 信用大数据惠民创新应用场景

应用领域	应用场景
医疗健康	自动结算
	先看病后付费
	特殊优待
	购药补贴
饮食	民生补贴
	信用餐厅
住宿	住宿减免押金
	租房优待
交通出行	公交出行
	共享单车
	停车
	车辆救援
	车辆维修
	车辆年检
教育	择校权优待
	公益培训优先权
	职业培训优先权
	课后延时服务
	学费优惠
租赁	充电宝租赁
	其他物品租赁
人才优待	人才授信（人才信用卡）
文化体育	免押金借书
	场馆预约
	文体活动优先参与
	其他“信用+阅读”
旅游休闲	景区游览费用减免
社会保障	法律援助
	社会援助

续表

应用领域	应用场景
政务	评优评先
	容缺受理
	绿色通道
创业就业	就业（信用+人才+就业）
	创业（创业辅导、免费培训）
金融	个人信用贷款
	购买保险、保险理赔
购物	消费、购物优惠
	消费、购物便利（先行赔付）
复合型	“城市榜样礼遇卡”（提供免费挂号、免费游园、免费乘公交）
	民营企业家综合服务（政务服务、体检就诊、旅游观光、通行便利、子女入学等方面的公共服务，有效期一年）

资料来源：根据各省区市、地方“信用中国”网站数据结合实地调研整理。

在便企方面，信用大数据已被应用于行政审批、金融服务、房屋租赁、招投标、跨境贸易等领域，如表 1-2 所示。2016 年，国务院印发《关于建立完善守信联合激励和失信联合惩戒制度加快推进社会诚信建设的指导意见》，鼓励有关部门和单位开发“税易贷”“信易贷”“信易债”等守信激励产品，用以对诚信市场主体给予优惠和便利，使守信者在市场中获得更多机会和实惠。其中，“信易贷”是开展范围最广、参与主体最多、最受关注的应用。2019 年，国务院正式发布《关于深入开展“信易贷”支持中小微企业融资的通知》，明确提出深入开展“信易贷”工作。2019 年 9 月 24 日，全国中小企业融资综合信用服务平台（全国信易贷平台）正式上线。截至 2020 年 9 月，全国信易贷平台共有 374 个城市入驻，累计授信 37000 余笔，助力中小企业获得授信超 970. 15 亿元，近一年融资金额达 965. 98 亿元，取得了显著成效。此外，不少城市目前正在探索以“信用园区”为载体，针对高新区、开发区、软件园等技术密集型园区实施一揽子“信易+”便企举措。例如苏州工业园区，一方面与信用监管相结合，为园区内企业提供信用修复、信用信息报告查询等服务；另一方面推广“信易贷”，依托政府资源优势，归集企业信用信息和场景数据，为企业提供融资服务。

表 1-2 信用大数据便企创新应用场景

应用领域	应用场景
开办企业	政策、资金支持
	创业培训
办理许可证	办理行政许可时，享受优先办理、简化手续、容缺受理、一网通办
运营基础设施	房屋租赁优惠
	设备租赁优惠
	接入电网手续简化、费用减免
	办理电信宽带业务费用减免
金融服务	融资信贷：低成本、无抵押；便捷、高效服务
	保险：优惠保险；先赔后审
纳税	涉税业务办理 VIP 预约、绿色通道、加快审批、简化资料
采购投标	减少或免缴投标保证金，优先成为中标候选人
人力资源	企业招工
	员工背调
合同执行	合同纠纷调解
跨境贸易	快速通关
	AEO 优先认证
	原产地签证先签后核
企业注销	企业注销便捷办理

资料来源：根据各省区市、地方“信用中国”网站数据结合实地调研整理。

二、信用大数据应用形势研判

1. 公共信用大数据应用面临的形势与研判

数字经济的到来以及以“互联网+”为特征各类新兴业态的迅猛发展，

有效促进了社会转型、供给侧结构性改革的加速，有效促进了社会信用体系的建设发展，如何利用信用大数据技术推进城市区域和多领域的治理创新，构建精准智能化的管理模式，提升社会治理水平也成为当前的热点话题。为更好地发挥公共领域信用大数据在创新社会治理、优化“放管服”改革中的应用，公共信用大数据可优先在以下方面加强建设。

一是加强城市区域信用创新治理。通过完善城市信用大数据体系与城市信息化基础设施，联通各地各部门的管理体系进行协同工作，以此加强政府的社会治理效能。通过采取网格化管理模式，对网格内的事务、部门、组织等逐一建立区块信用大数据库和电子图层，对每一区块的安全生产、交通、环保、人口等信用大数据进行监管，实现城市区域分块管理。以电子化、信息化、标准化的方式将社会中的大量信息以数据的形式进行详尽的记录，实现无遗漏的社会治理及服务。

二是探索信用分级分类管理模式。信用分级分类管理模式是以信用主体基础信息库、企业和自然人公共信用档案等数据库为基础，利用信用大数据技术对信用主体进行分析并对其信用做出评价，形成完整的信用档案并对信用等级不同的主体采取不同的监管、奖惩措施。例如，对信用良好的企业适当降低监管检查频次，为信用良好的个人提供出行工具免押金、先使用后付费的服务。以交通、生态环保、能源、工程建设等领域信用创新治理为突破口，实现以大数据分析、智能化判断、精准化管控为主的新型管理方式转变，切实做到信用惠民，让社会感知信用有价。

三是创新信用服务实体经济模式。以公共信用大数据的共享与应用为基础，第三方机构突破传统信贷模式，借助大数据、云计算、区块链、人工智能等新技术，创新信贷审批及风控手段，增加或者放大对中小企业（含企业主）等实体经济的融资贷款额度，让信用良好的市场主体更便利地获得融资贷款，助力我国实体经济高质量发展。

2. 市场信用大数据应用面临的形势与研判

随着商事制度改革不断深化，全国各地积极探索，主动适应新形势，从IT时代的“业务数据化”起步，到DT时代的“数据业务化”探索，坚持以大数据为中心，注重挖掘市场领域信用大数据的潜在价值，努力提高市场监管智能化水平。目前，全国“企业信用信息公示系统”已建成，系统以“业务数据化”作为基础工作抓手，形成了较为规范、动态更新的企业信用信息数据库，完整记录了企业和个体工商户登记、变更、奖励、处罚等市场主体信息，涵盖了监管执法、日常检查、消费投诉等管理服务数据，为推进市场信用大数据应用创造了条件、打牢了基础。为更好地发挥市场领域信用大数据应用价值，未来市场信用大数据应加强以下方面的建设。

一是建设完整规范的数据仓库。以市场监管信息平台、公共信用信息平台为纽带，深度融合来自行业协会、龙头企业、电商平台、社交网络等的市场信用大数据，充分整合来自政府部门的许可信息、处罚信息等涉企公共信用数据。将市场信用大数据和公共信用数据进行清洗、整理、集成，建设形成“市场监管和服务数据仓库”。加强数据质量治理，确保数据更新及时准确，实现市场、公共、金融类数据的整合集成和高效利用。

二是建设市场信用大数据分析研判系统。以应用场景需求为基础，以服务经济发展、创新社会治理和市场监管为应用方向，探索推进融“工商业务研判、市场主体‘画像’、经济运行情况综合分析”为一体的工商数据研判系统建设。建立包括“决策支持”“业务分析”“风险预警”“‘主体+’查询”“自由统计”“年报监控”和“工商一天”等展示系统，实现市场监测、评估与风险防范，为科学决策和精准监管提供分析支持。

三是建设基于区块链、联邦学习、多方安全计算的市场信用大数据融合共享系统。以应用场景为导向，坚持数据可用不可见、数据最小化原则，推动各大龙头企业、电商平台、社交媒体、金融机构、政府机构等联合建模、共享数据，做到数据使用全过程可查可溯。垂直行业的市场信用大数据加速融合应用，信用大数据产品和服务不断迭代创新，信用大数据交易市场逐步成型，强有力推动各行业转型升级和高质发展。

3. 金融征信大数据面临的形式与研判

随着数字中国、数字经济、智慧社会的加快建设，我们正进入一个各类信息数据都可能被挖掘利用并产生价值的时代。习近平总书记曾指出："要构建以数据为关键要素的数字经济。"在数字经济发展中，数字金融是关键要素，为增强金融体系的防风险能力，必须保障经济社会数据作为关键要素资源的有效供给。金融征信大数据作为数字金融的重要组成要素，是数字经济中实施有效资源配置的关键保障。为更好地发挥金融征信大数据应用价值，未来金融征信大数据应加强以下方面的建设。

一是加强金融征信大数据治理。大数据应用水平正在成为金融企业竞争力的核心要素，金融的核心就是风险，风险以数据为导向，金融机构的风控水平直接影响坏账率、营收和利润。未来应当加大数据治理项目投入，结合大数据平台建设项目，构建企业内统一的数据池，实现数据的"穿透式"管理，使数据资产成为金融机构的核心竞争力。

二是加强金融行业数据融合、共享和开放。随着各国政府和企业逐渐认识到数据共享带来社会效益和商业价值，全球已经掀起一股数据开放的热潮。目前，美欧等发达国家和地区的政府都在数据共享上做出了表率，开放大量的公共事业数据。我国政府也着力推动数据开放，国务院关于《促进大数据发展行动纲要》提出：要全面实现金税、金关、金财、金审、金盾、金宏、金保、金土、金农、金水、金质等信息系统通过统一平台进行数据共享和交换。

三是强化金融数据与其他跨领域数据的融合应用。从2016年开始，大数据技术逐渐成熟，数据采集技术快速发展。图像识别、语音识别、语义理解等技术实现了政府公开数据、企业官网数据、社交数据等跨领域海量高价值数据的收集，数据的融合将使得金融机构获取维度丰富的客户动态数据，更深入地了解客户，提供更优质的服务。

第三节 信用大数据应用展望

数据作为信息的表现形式和载体，在计算机时代盈千累万、瀚若星海。当前，研究基于大数据的数据处理技术、方法和手段，已成为行业关注、探索和实践的热点。社会信用体系建设作为我国创新社会治理、落实“放管服”改革的重要举措，是构建以信用为基础的新型监管机制的重要保障，应用大数据技术可进一步丰富数据来源、提升分析手段、拓展共享渠道，为社会治理决策分析、防范化解供需矛盾、维护国家安全稳定带来新的改变，也将推动社会信用体系建设领域的变革，为政府履职打开新局面。

一、逐步完善信用大数据应用相关政策法规

近年来，党中央、国务院高度重视信用大数据应用发展。制定出台了一系列信用大数据采集、共享、开放、交易、安全、监管等政策文件（具体文件见表 1–3），规范信用大数据采集、共享和应用等行为，维护信用大数据提供者的权益，打造良好的数据生态环境，实现信用大数据在社会治理中的合法、安全、公正地运用。以法制为依托，逐步扩大开放数据的范围，提高开放数据质量；加强数据统筹管理，强化信用大数据隐私保护；加快培育数据要素市场，推进政府数据开放共享、提升社会数据资源价值、加强数据资源整合和安全保护；研究制定数据流通交易规则，推进流通环节的风险评估，探索建立信息披露制度，支持第三方机构进行数据合规应用的监督和审计，保障相关主体合法权益；健全网络数据和用户信息的防泄露、防篡改和数据备份等安全防护措施及相关的管理机制，加强对数据滥用、侵犯个人隐私等行为的管理和惩戒力度。

表 1-3 信用大数据相关政策文件

发布时间	发布政策
2015 年 7 月 1 日	关于运用大数据加强对市场主体服务和监管的若干意见
2015 年 8 月 31 日	促进大数据发展行动纲要
2018 年 2 月 2 日	国家发展改革委办公厅关于充分发挥信用服务机构作用加快推进社会信用体系建设的通知
2018 年 10 月 27 日	工业和信息化部办公厅关于公布 2018 年大数据产业发展试点示范项目的通知
2019 年 7 月 9 日	国务院办公厅关于加快推进社会信用体系建设构建以信用为基础的新型监管机制的指导意见
2019 年 8 月 1 日	国务院办公厅关于印发全国深化“放管服”改革优化营商环境电视电话会议重点任务分工方案的通知
2020 年 3 月 30 日	中共中央国务院关于构建更加完善的要素市场化配置体制机制的意见

资料来源：根据国家发展改革委、工业和信息化部统计数据整理。

在信用大数据开放利用过程中，完善法律法规体系属于重要基础与保障，也是保证信用大数据开放安全性的重要前提。就当前实际数据开放情况而言，上海市在全国先行先试，已于 2019 年 10 月 1 日施行《上海市公共数据开放暂行办法》。但国家层面相关法律法规制度仍不健全，数据开放的相关法律法规保证体系仍有待完善。虽然国家已经颁布一些规范性文件，然而其中所提相关内容仍旧比较笼统，对于数据开放中一些细节内容缺乏相关硬性规定，与法律制度相比，其制约性较差，在信用大数据开放工作落实方面，其强制约束力相对薄弱，未能够促使政府数据开放工作实现可持续快速发展。因此，在当前社会形势下，为能够使信用大数据开放得到更好保护，国家应当结合实际情况，积极研究并制定有关法律法规。一是修订及完善现有法律法规制度，进一步明确数据定价、流转、交易机制；二是加强建设信用大数据应用配套法律法规制度，明确信用大数据开放权限职责以及相关主体权利、责任及义务；三是加强数据安全保障制度和管理制度建设，明确数据安全保护措施，对数据使用进行规范。通过法律法规体系的完善，促使信用大数据开放及利用法制管理能够得以更好实现。①

① 杨波丽．大数据环境下我国政府数据开放及应用研究[J]．中国信息化管理，2019（1）.

二、全面发展信用大数据应用相关技术

信用大数据基础设施、信用大数据服务市场、信用大数据应用等信用大数据产业的不断建设和迅猛发展，倒逼信用大数据应用主流技术和算法的发展。信用大数据的推广应用，也间接推动了技术社区的发展，目前，已被广泛应用的信用大数据成熟技术有网络爬虫、Hadoop、人工神经网络等，具体统计如表 1-4 所示。虽然已有技术能够满足搭建分布式集群、数据采集汇总、数据加工与开发、数据应用场景落地等需求，但总体来说目前信用大数据应用仍集中于数据层面的技术开发，而对于数据安全、数据隐私技术开发则相对滞后。

表 1-4 信用大数据应用主流技术或算法

数据处理环节	处理所用技术	技术简介
采集环节	网络爬虫	对海量信用数据进行抓取、采集、清洗
加工环节	Hadoop	对海量信用数据进行储存，分析用户行为
	Spark	快速处理海量信用数据，实现实时计算与处理数据流
模型搭建	人工神经网络	快速简便挖掘海量信用数据间的内外联系，具有自学习、联想存储、高速寻找优化解的优势
	逻辑回归（Logistics）	一种较为简易的数据模型搭建方式，模型训练速度快，能够较好地对信用主体进行分类
	随机森林	一种基于训练集和决策树的模型搭建方式，能够有效地对信用主体的潜在信用风险进行预测，对个人信用状况进行评估
	支持向量机	一种基于机器学习技术下的改进和扩展算法，善于对海量信用数据中存在的隐藏和潜在信息进行分类
数据运转支撑	云计算	一种支撑大数据运算的技术，为各信用服务机构实现对海量信用数据运算所需的计算资源的协调共享

资料来源：根据 2020 年全国信用大数据应用场景征集案例整理。

在信用大数据开放利用过程中，应用技术的全面优化升级是确保数据应用得到最优化的重要提前，也是确保数据作为生产要素应用的重要保

障。当前信用大数据技术正处于蓬勃发展的上升时期，为了更好地发挥信用大数据技术在数据管理与计算中的作用，未来应当加强数据资产安全管理、应用分析、智能化处理、AI 技术应用等建设。一是强化数据资产管理，不断探索新的方法，建立全链路智能管理体系、数据资产的贡献度分析、数据资产定价、数据基线度量与质量规范等方面的工具化、可视化分析；二是加强数据应用分析，引入增强分析，通过将机器学习算法自动化实现数据准备，简化数据处理过程，实现分析及洞察的自动化；三是引入 AI 技术，面向数据开发、流程调度、A/B 实验、数据分析、服务管理等领域引入 AI 技术，实现基于 AI 驱动的开发测试、建模、分析等智能化功能，促进小数据量训练、灵活任务依赖、异构计算的优化。

三、扎实开展信用大数据应用标准化体系建设

信用大数据的多源整合应用，对于数据标准化建设提出了更高要求，而标准化工作需要科学的顶层设计，建设体现大数据技术特点的、完善的标准体系框架对制定高质量、体系化的信用大数据应用标准至关重要。目前，我国在社会信用标准体系建设上已取得突出成效，截至 2020 年 7 月，全国各类现行信用标准数量达到 325 项，其中国家标准 48 项、行业标准 39 项、地方标准 144 项、企业标准 94 项，涉及电子商务、商贸物流、交通运输、生产质量等十多个领域，但在信用大数据应用的标准化建设方面涉及较少。2014 年国家成立了全国信息技术标准化技术委员会大数据标准工作组，统筹开展我国大数据标准化工作。该工作组结合国内外大数据标准化情况、国内大数据技术发展现状、大数据参考架构及标准化需求，提出了我国的大数据标准体系框架。目前该大数据标准体系总体上由七个类别的标准组成，分别为：基础标准、数据标准、技术标准、平台和工具标准、管理标准、安全和隐私标准、行业应用标准。

信用大数据应用的基础是多源数据的整合，政府和组织机构需要协同工作，制定标准，促进政府、企事业单位和其他拥有信用大数据的社会组

织开展信用大数据交换共享。一是建立信用大数据统一标准体系，规范数据归集标准，强化数据采集一致性，建立统一的数据交换目录、指标内容、数据格式、报送规定；二是制定信用大数据审计、清洗与加工的流程，规范数据存储、应用标准，为以后的数据管理及分析打下良好的基础，以保证数据的质量以及可靠性；三是建立信用大数据开放标准，明确和统一信用大数据开放相关标准，加强开放数据的管理。因此，政府部门应当加快对于关键共性标准的制定，完善数据管理机制及体系，在此基础上实现信用大数据开放平台建设，实现对社会治理创新的决策支持和水平提升。

四、实现信用大数据应用平台全覆盖

我国信用体系建设起步较晚，目前的信用体系还未健全，各部门之间依然存在数据壁垒，如何在大数据的时代背景下，以统一共享交换平台为基础，提高信用大数据应用平台的扩展性、灵活性、容错性和高性能有着十分重要的现实意义。目前，国外在信用大数据开放应用方面比较常用的方法就是在全国范围内构建相关门户网站，对于开放数据进行集中加工，为信用主管部门构建开放一站式相关数据管理平台，依据统一标准进行统一管理，对各类信用数据进行全面整合，使不同格式数据能够实现有效整合，在统一数据基础上使数据库中互联互通得以较好实现，使信用数据库集散地能够得以形成，不但能够使各级各类政府部门数据整合、关联及分析能力得以提升，并且还能够将更加便捷的数据获取途径提供给用户，从而使不同用户均能够将自身所需数据找到，使其各个方面要求能够得到较好满足。

本章结语

本章从信用大数据的内涵、兴起与时代意义出发，分别对信用大数据的应用现状和信用大数据在公共、市场、金融领域中的所面临的形势进行介绍，提出推动大数据技术与社会信用体系深度融合、逐步加快大数据基础设施建设、实现跨行业跨领域的数据互联互通、创新信用大数据应用模式已成为目前社会各界的普遍共识，并取得了积极成效，部分地区的做法已成为未来一段时间内各地学习的样板。虽然在过去一段时间内信用大数据应用取得了积极成效，但仍然存在信用信息内涵概念不明确、信用信息管理的法律制度不健全、信息安全缺少有效保障、数据平台等基础设施不完善、信息应用范围和应用场景有限等问题，需要完善顶层设计、健全中层机制、拓展底层应用。本章在现状分析的基础上，认为未来信用大数据建设需要聚焦于法律及制度的完善、加强技术的培育、建立数据和工作流程的标准体系、拓展大数据在社会各领域各行业的应用等几个方面。

随着社会经济的发展，陌生化、碎片化的社会环境改变了传统的信用机制，社会交往中的机会主义行为迅速增加。重塑信用机制，减少人与人之间的信息不对称，提高全社会互信水平成为推动国家治理体系与治理能力现代化的迫切需要。大数据技术以其数据可比对、过程可追溯、问题可监测的特点，低成本、高效率地归集了散落于各级政府部门、各类市场主体与社会全体成员的信用信息，为构筑以信用为基础的新型监管机制、打造新时代的信用服务产业奠定了数据基础。

伴随着我国以数据中心、计算中心为代表的新基建项目的实施，未来一个阶段内，全社会将加快数字化、网络化、智能化发展进程，大数据作为核心技术将更加深刻地融入社会信用体系发展之中，有效推动传统社会治理体系实现变革。一是信用大数据将作为社会信用体系建设的底层数据，以法律保障的形式实现两者间的有机融合，实现技术支撑和法治保障紧密结合；二是信用大数据将进一步改变传统的征信流程，主体信用画像所需的信息维度将持续扩大，信用主体实现自我增信将得到有力支撑；三是信用大数据将改变现有信用信息的属性，涉及诚信和公德的信息在商业上的价值将得以进一步挖掘；四是信用大数据将改变信用服务原有的商业模式，以大数据征信机构和互联网公司为代表的主体将通过大数据技术深挖产业链、供应链价值，更加聚焦、精准服务行业企业，实现资源、资金有效配置；五是信用大数据将充分发挥其在过程追溯、问题监测方面的优势，切实保护信用主体的知情、同意、异议、删除等合法权益不受侵害，推动信用服务行业依法依规运行。

第二章

信用监管

2019年，国务院办公厅印发《关于加快推进社会信用体系建设构建以信用为基础的新型监管机制的指导意见》（以下简称《意见》），指出：要按照依法依规、改革创新、协同共治的原则，以加强信用监管为着力点，创新监管理念、监管制度和监管方式，建立健全贯穿市场主体全生命周期，衔接事前、事中、事后全监管环节的新型监管机制，不断提升监管能力和水平，进一步规范市场秩序，优化营商环境，推动高质量发展。《意见》发布以来，各地区各部门积极落实，基于信用大数据组织开展信用监管试点示范，在商户监管、网络诚信监管、履约监管监测等方面取得了积极成效。

第一节　商户信用摇一摇，便民惠企利监管

2018 年以来，深圳坪山区积极构建公共信用信息应用新机制，深入推进法治政府和诚信坪山建设，先后荣获第五届“中国法治政府奖”“深圳市 2018 年‘两建’工作走在最前列”等奖项，并入围了 2019 年全国政务诚信百强县。在此基础上，坪山区委政法委不断深化信用体系建设场景应用建设工作，依托坪山信用网归集的企业信用信息、分级评价结果等内容，联合市场监管局坪山分局、街道办事处等单位在六和城、嘉邻中心等区内重点商圈进行实地调研，了解到消费者和商家的真实需求后，开发、部署了“坪信惠”项目。该项目将移动互联网和企业信用结合，开发“坪信惠”后台信用信息管理系统和前台商户、消费者客户端，融入商家经营、监管部门抽检、消费者投诉等多方面数据，实地部署商家电子标牌，实现消费者、商户、市场监管单位三方信息互通、互评，营造便民惠企利监管的良好营商环境，使信用观念深入企业、深入人心。

一、需求分析

为发现消费者、商家、监管部门在实际消费、经营、监管过程中真实存在的痛点和难点，坪山区委政法委联合市监局坪山分局实地调研了坪山益田假日广场和嘉邻中心的 130 余家商户，走访座谈近百名消费者，发现存在以下情况：一是商家数量多，抽检工作量大；二是基层执法站所人手有限，市场监管部门不能快速有效发现问题商家并督促整改；三是消费者和商户之间信息不对称，缺乏了解商家信用情况、经营合法性、主管部门定期监管结果等信息的权威便捷渠道；四是由于缺少相应的联合奖惩措施，商家对主动公示信息、接受监管的积极性不高；五是商家对企业信用

知识知之甚少，无法及时获知自身信用情况等。

二、场景概要

“坪信惠”信用大数据+企业监管服务以消费者、商户及监管部门真实需求为出发点，以建设信息化系统为着力点，打通数据，加强互动。针对调研中发现的问题，开发了企业信用信息管理系统和企业信用摇一摇系统，包含适用于智能通信终端（手机、平板电脑等）的消费者客户端、商户客户端和监管后台，归集了商户经营、监管部门抽检、消费者投诉三方信息。消费者通过“摇一摇”或“扫一扫”的简单操作，就可以获取商户信用信息，与商户互动交流；商户通过商户客户端与消费者进行线上交流反馈，构建和维护自身信用等；监管者通过管理后端查看相关区域的商户信息、了解商户的信用评级信息，及时对相关的商户的生产经营活动进行监管，规范商户的市场行为。

三、技术架构

1. 数据情况

“坪信惠”中商家信用数据主要来自坪山公共信用平台。坪山区公共信用平台现已整合审核转报、设立登记、行政处罚、录用晋升等十五个公共信用信息应用类别，共计 154 项具体应用，汇集 10 万余家商事主体，累计归集信用数据 604 万余条，包括不良记录、行政处罚、主管部门评价、欠薪情况、涉诉情况、红黑名单、投诉情况、财务状况、经营状况、技术支持、政府表彰等信息。

通过坪山区公共信用平台归集到的商事主体信用数据，运用大数据手段，对市场主体进行评分评级，精确刻画市场主体的信用状况。监管人员可以根据信用状况，对监管对象进行分级分类，实施差异化监管措施。对信用等级较高的市场主体减少监管频次，对信用等级较低的主体则增加抽检频次、从严监管。通过分级分类监管，可以将有限的监管资源集中到信用状况不佳的对象中，有效解决监管力量不足的问题，提高监管效率，做到对守信者无事不扰，对违法者利剑高悬。

2. 技术实现方式

"坪信惠"企业信用摇一摇子系统以数据层、业务层、应用层三层式系统架构（系统架构如图 2-1 所示，网络拓扑如图 2-2 所示），整合 iBeacon 蓝牙技术、移动通信技术和卫星导航（GPS/北斗）等移动互联网前沿技术，通过开发适用于智能通信终端（手机、平板电脑等）的消费者 App 和商户 App，使消费者通过"摇一摇""扫一扫"的简单操作，就可获取所在位置周边商户的信用信息，查询指定商户的信用信息，与商户进行互动交流，对商户的经营服务进行评价，投诉等；商户可以通过 App 与消费者进行交流反馈，响应投诉，查询自身信用和消费者评价等。

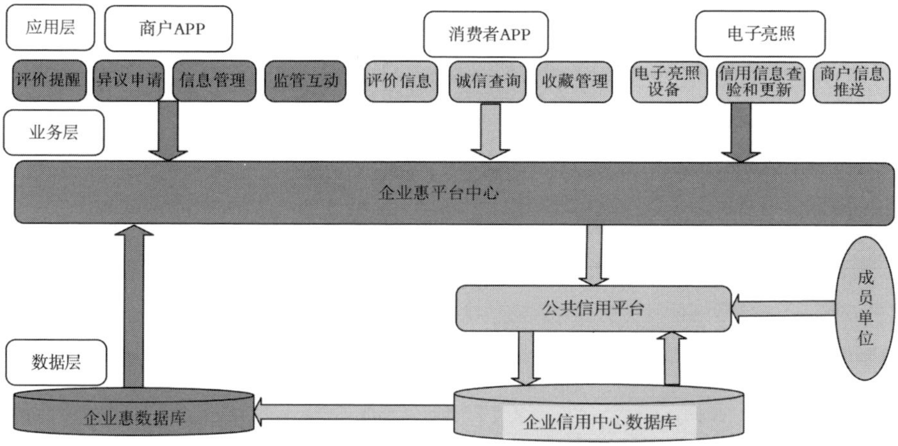

图 2-1 企业信用摇一摇子系统架构

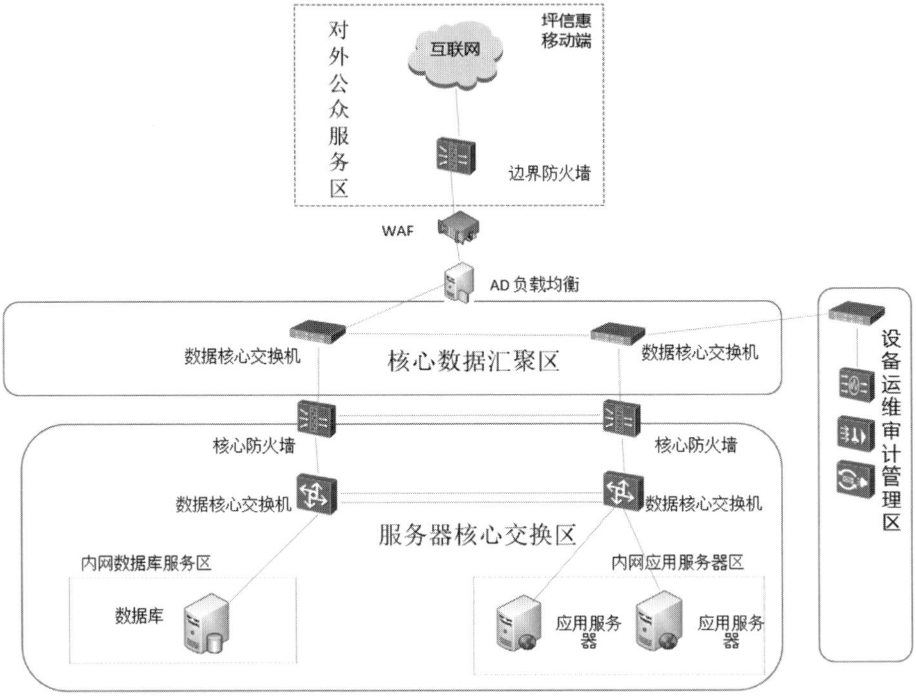

图 2-2 系统网络拓扑

四、主要内容

企业信用摇一摇子系统主要包括商户 App、消费者 App、电子亮照经营三部分功能，功能架构如图 2-3 所示。

1. 消费者端的主要功能

（1）平台登录：消费者通过注册登录进入平台，同时可以找回密码和修改密码。

（2）投诉评价：对发生交易的商户进行评价。

（3）诚信查询：查询企业的诚信信息。

（4）收藏信息：消费者收藏的企业信息。

（5）商户互动：企业信用信息、商家信息、互动（点评）信息。

（6）蓝牙推送商家列表：直接点击可查询商家信用信息。

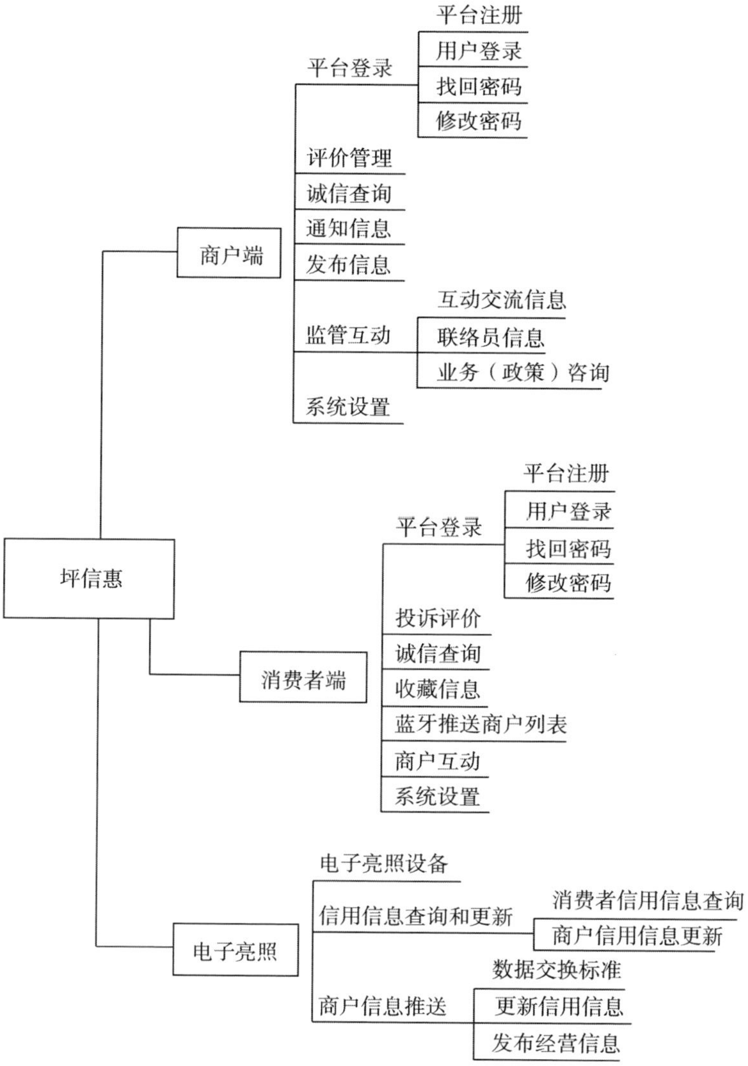

图 2-3　系统功能架构

2. 商户端主要功能

（1）平台登录：商户通过注册登录进入平台，同时可以找回密码和修改密码。

（2）评价管理：显示本企业的点评信息提醒，使企业及时回复相关评价。

（3）诚信查询：查询本企业和其他企业的企业诚信信息。

（4）信息异议：对本企业的诚信档案信息可以提出异议申请。

（5）信息管理：发布、管理所卖商品及促销优惠信息。

（6）监管互动：可与市场监管人员进行互动，市场监管人员可以发布通知及政策信息给商家，商家可以通过 App 进行咨询。

3. 应用场景说明

消费者在商场中可以通过两种方式与商家进行互动，一是“扫一扫”，当消费者进入某家商户时通过微信扫一扫功能，扫描商家二维码，即可查看到商家诚信档案信息，可以评价或投诉；二是“摇一摇”，打开蓝牙，点击微信里的摇一摇功能里的“周边”选项，通过摇一摇之后，形成附近商家列表，点击查看商家诚信档案信息或进行评价、投诉。

五、创新亮点

“坪信惠”项目为解决调研过程中发现的消费者、商家和监管部门的实际痛点，通过整合 iBeacon 蓝牙技术、移动通信技术等，开发适用于移动端和 PC 端的企业信用信息管理系统和企业信用摇一摇系统。让消费者通过“摇一摇”或“扫一扫”这种简便的方式即可查看周边商户的信用信息。

六、建设成效

在街道办、商圈运营主体的协助下，“坪信惠”服务在益田假日广场、嘉邻中心等地实地部署了绑定商家信息的电子标牌，覆盖了 90% 以上的商户。通过组织商家参与信用知识讲座和客户端操作培训、在商场周边竖立“坪信惠”标识、张贴诚信公益广告等方式，让商家和消费者能够快速便捷地了解到“坪信惠”的功能和使用方法，提高其参与度。联合市监局坪山分局、商圈运营主体等增设有实际效用的联合奖惩措施，如对信用评价排名靠前的商家给予租金减免、商圈内广告位推荐等优惠或减少执法频次，提高其维护自身诚信等级、参与诚信商圈建设的积极性。

第二节 AI 助力网络信用监管

当前网络违法行为层出不穷，尽管网络智慧信用监管为解决这一难点问题提供了新的思路，但在具体配合工作时仍有很多挑战亟待解决，例如数据资源匮乏、融合困难，网络行为识别困难、监管难度大，监管手段和工具分散、配套法规尚未完善等重重困难。指南针-智慧信用监管自助平台，依托现有的数据资源与 AI 能力，具有数据覆盖全面、定期高频更新、多维度精准筛选、监测效率和时效性高的特点。以成熟模型与半自助式定制化监管相结合的方式，提供经营行为信息查询、智能线索发现、可视化数据报表等服务，为政府监管机构提供了良好的大数据服务支持。

一、需求分析

日渐发达的网络带来高效便捷生活的同时，各类网络违法违规行为层出不穷也大大侵害了公众的合法权益，严重影响了网络环境，对政府监管部门的网络智慧信用监管工作带来严峻挑战，包括：

一是监管部门网络数据资源匮乏，多渠道数据难以有效整合，形成时效性强、精准度高的网络主体、客体、行为基础数据库和信用信息数据库。

二是网络行为全过程发生于虚拟空间，载体类型丰富、跨度大、变化快、隐蔽性强、识别困难，主体信用监管难度大。

三是市场监管执法人员有限，信息化手段和工具分散，难以形成对网络各类信用主体和相关行为的高效响应。

四是网络智慧信用监管工作具有强烈的目标指向和时效性要求，需求密集化、目标多样化，要求响应迅速、反馈精准，传统信息系统往往无法满足需求。

五是监管理念尚未成熟，配套法规尚未完善，信息化手段尚未普及，信用监管面临重重困难。

针对上述网络智慧信用监管痛点，指南针-智慧信用监管自助平台在保证数据合法获取、合规使用的基础上，通过现有的数据资源与 AI 能力，实现针对网络市场主体信用和行为数据实时精准的高效监管、处理和反馈，平台进一步规范了网络市场秩序，净化网络消费环境，严厉打击违法经营主体，切实维护广大消费者和经营者的合法权益，促进网络市场公平有序发展。

二、场景概要

大数据归集和处理平台“指南针-智慧信用监管自助平台”，其核心价值是轻量化快速检索，基于多维度、全量化网络数据（主流电商平台网店、自建交易网站及第三方交易平台、网站、外卖餐饮、微信公众号、手机 App 等）的采集、清洗、挖掘，构建了特殊线索识别模型，为政府监管机构提供网络主体、客体、行为数据的实时管控以及线索的发现预警。

通过指南针-智慧信用监管自助平台，监管机构可实现各类网络主体精准定位、分类主体数据专项检索、商品/网页信息实时查询、自定义模型线索拟合等，帮助监管部门“短平好快”地完成日常工作，一站式解决网络数据资源匮乏、网络行为发现难、监管时效性和精准度提升难等一系列监管难题。

三、技术架构

指南针-智慧信用监管自助平台的总体建设思路遵循“科学规划、整体设计、多方协同、服务导向”的原则，对建设中、建设后的合理性、先进性和系统性进行科学规划和整体设计，通过多方协同实现政府资源和社会资源的整合，为平台建设提供良好的数据资源基础。

1. 总体架构

指南针-智慧信用监管自助平台是以数据为支撑、以任务为指导、以监管为核心的流程式垂直管理平台，总体架构由数据存储层、大数据集成模块、数据计算系统、监管决策系统、监管业务层等组成。

平台采用先进的数据采集技术，可从互联网获取大量的网络交易数据存储至大数据平台，将第三方大数据与政府数据有机整合，使用最优比对方案提高效率，完成常态化、有序、高效的数据更新机制，形成市场主体数据、虚拟主体数据、市场行为数据等数据集市，同时依托智能评价综合平台，利用语义识别模型、信用评价模型、主体数据智能分析模型等评价模型对各类数据进行判别评价，结合国际 IT 管理最佳实践 ITIL 标准相关内容和 ITSM（IT Service Management，IT 服务管理），对流程、人员和技术三大要素有效整合，致力于将平台建设成为监察便利、层次清晰、监管链条完善、数据开放有序、存储固化的综合智慧信用监管服务体系，并建设数据共享系统机制，实现对社会公众、特定行业、相关企业及政府提供企业画像、信用评价、监控预警、风险评估、舆情分析等信用信息服务。

2. 市场主体数据集市

市场主体数据集市是指全量具有工商登记信息的市场主体数据的归集资源池，可实现对主体数据的分类、管理，和对工商信息、经营信息以及涉网信息等关联信息归集。数据量级覆盖全国 1.85 亿主体信息，支持每周全库更新。

3. 虚拟主体数据集市

虚拟主体数据集市是指在互联网上的电子商务活动中广泛存在的各类经营主体数据的归集记录资源池，针对网站、电商平台、网络餐饮平台、微信公众号、App 等网络主体进行全面全量采集分析，并实现与工商信息同步对比核查。具体包括以下数据内容：

一是交易平台网店数据，市场监管部门和执法人员可对辖区内交易平台网店主体数据情况精准定位，开展分类主体数据专项检索、商品信息实时查询、法人与虚拟主体对应关系查询等，协助监管部门完成日常工作。

二是外卖平台商家数据，市场监管部门和执法人员可对辖区内互联网订餐平台商家主体数据情况精准定位，开展分类主体数据专项检索、外卖商品信息实时查询、法人与虚拟主体对应关系查询。

三是辖区内网站数据，市场监管部门和执法人员可对辖区内网站主体数据情况精准定位，开展网站分类主体数据定向检索、网站内容信息实时查询、法人与虚拟主体对应关系查询。

四是 App 开发者数据，市场监管部门和执法人员可对辖区内手机 App 主体数据情况精准定位，开展 App 采集分布平台定向检索、App 分类实时查询、法人与虚拟主体对应关系查询。

五是微信公众号数据，市场监管部门和执法人员可对辖区内微信公众号主体数据情况精准定位，开展公众号分类数据专项检索、法人与虚拟主体对应关系查询。

4. 行为数据集市

行为数据集市是指在互联网上的经营活动中广泛存在的各类行为数据的归集记录资源池，针对互联网行为、互联网商品、互联网页面进行全面全量采集分析，归集记录互联网行为，形成针对网络实名制、招聘、投融资、舆情、市场宣传、违禁品销售、商标侵权、广告、合同、价格等行为类型的发现、比对、分析、跟踪监测，并将结果划归到相应数据子库，可实现网店商品查询、外卖商品查询、网站内容查询等查询功能，以强大的经营行为信息搜索引擎，快速定位、检索出网店商品、外卖商品、网站内容的关键词。

5. 智能分析平台

智能分析平台依靠大数据手段，整合各类信用信息资源，通过数据挖掘技术、人工智能模型的研发，建立各类专业化、智能化的评价模型，并应用于智慧信用监管的具体工作，具体包括语义识别、图片识别、法规识别、非法网站识别、互联网广告监测、电子商务企业舆情监测、电子商务企业成长性潜力评价、电子商务企业信用评价、电子商务企业风险评价、电子商务消费者权益保护等智能评价模型。智能线索发现功能可精准定位监测区域、违法类型、监测对象、监测时间，具有一键生成线索、灵活的策略配置等优点。

四、主要内容

指南针-智慧信用监管自助平台客户端界面共包含 4 个菜单项，分别是首页-数据看板、经营主体信息、经营行为信息、智能线索发现。

1. 首页-数据看板

首页作为数据集中展示看板，划分为两个区域，区域一为网店、网餐、网站、App、微信公众号总数量，区域二为各地市总数量监控。监管人员根据监管需求，可实时查看系统所采集的各地市网店、网餐平台、网站、App、微信公众号总数量，以图形化方式全面分析比对省内各地市总数分布情况。

2. 经营主体信息

平台集中展示了交易平台网店数据、外卖平台商家数据、网站数据、App 开发者数据、微信公众号数据等。监管人员根据监管需求，可实时查看系统所采集的各类网络主体数据及数据详情、展示字段包含区域名称、主体名称、所属平台、店铺名称、店铺链接、店铺分类、店铺商品详情等。

3. 经营行为信息

监管人员根据监管需求，对客体及经营行为信息进行分类检索，根据关键字进行筛选过滤出执行结果。目前可针对网店商品、外卖商品、网站内容等不同类别，通过搜索商品名称、选择筛选条件（包括所属平台、商品分类、所属区域等）开展精准检索。

高级搜索可对网页、电商平台商品、外卖商品进行高级条件检索，支持多个关键词并列、包含、排除等条件以提高搜索精准度。监管人员根据监管需求，对客体信息进行高级检索，以数据关键词条件与排除条件来缩小检索范围，提升检索准确度。

4. 智能线索发现

智能线索发现以客体数据为载体，根据违法类型、监测范围的线索查询结果进行展示。监管人员根据监管需求，选择监测区域、已有的违法类型、监测范围、监测时间等选项，一键生成线索，自助执行定向监测任务，执行成功后，根据平台短信通知自助下载结果，协助进一步执法，提升监管效率。

五、创新亮点

1. 技术模式创新点

一是数据覆盖全面，高频更新保证信用监管“活”数据。网络主体、客体、行为数据全面覆盖，来源依法合规，数据定期高频更新，确保数据时刻“保鲜”。

二是多维度精准查询，高效锁定监管主体。根据监管需求，可实时查看主体数据及数据详情、查询字段包含区域名称、主体名称、所属平台、店铺名称、店铺链接、店铺分类、店铺商品详情等。实时反馈查询结果，多维度精准筛选，支持数据一键导出，高效锁定监管主体。

三是80余类成熟监管模型+半自助式定制化监管功能，灵活监管不受限。平台上线的80+个违法模型，通过抽象出全国各地区违法线索类型，以人工智能的方式搭建了奏效的违法模型，可直接复用违法模型生成线索。平台同时支持半自助式定制化监管功能，助力信用监管工作高效适应市场发展变化。

四是多维度图表分析，数据轻松可视化。指南针-智慧信用监管自助平台为使用者提供首页-数据看板，整合数据统计、可视化图表等功能，通过分类主体数据总览，从各维度对各类主体数据进行分析，并提供详细数据报表，助力执法人员一站式掌握辖区内网络经营主体动态。

2. 商业模式创新点

平台商业模式创新点包括：

一是平台采用 SaaS 轻应用模式，注册开通即刻使用；

二是响应及时，智能化高效输出，最大限度减轻执法人力负担；

三是服务计费，减轻监管经费负担。

六、建设成效

指南针-智慧信用监管自助平台为政府监管机构提供了良好的电子商务综合监管、互联网广告综合监管、网络外卖餐饮综合监管、网络文化综合监管等大数据服务支持，具有广泛和积极的社会效益。截至目前，平台注册用户包括各类省、市、区县级监管单位 400 多家，获得市场的高度认可。

1. 保障网络信用监管，做到“勤监测、早发现、严控制”

平台通过现代科技手段，以强大的信息采集能力为基础，围绕互联网数据监管工作重点，提供大数据信用监管服务。截至 2020 年 8 月，监测范围覆盖 20 亿商品及网页、890 万网店、460 万网站、350 万外卖商家、70 万 App、125 万微信公众号。通过大数据聚合技术和 AI 模型，实现平均每 5 天一个周期进行全网监测，助力政府及市场监督管理机构实现快速高效的网络信用智慧监管工作，做到在互联网海量信息中实现“勤监测、早发现、严控制”，为弘扬守信激励失信惩戒、维护市场稳定、保障民生发挥了力所能及的作用。

2. 提高监测效率和信息的准确率、时效性

在互联网领域，信用监管工作面临数据数量大，涉及范围广、信息整合难、执法判定难等严峻挑战。平台在建设过程中，运用人工智能建模分析，与网络市场信用监督管理工作有机融合。通过指南针-智慧信用监管

自助平台，监管部门和执法人员可一站式解决网络数据库资源匮乏、网络行为发现难、监管时效性和精准度提升难等一系列监管难题，提高监测效率和信息的准确率、时效性。

3. 助力政府及监管部门进行“互联网+监管”的主动防御

平台通过加强基础研究和科研攻关，探索并逐步掌握网络信用监管的特征要素，并在日常工作中通过监测网络数据，对可能发生的各类信用问题，及其可能扩散范围迅速做出判定，为决策部门提供预警信息，从源头阻断，防患于未然，助力政府及监管部门进行“互联网+监管”的主动防御，实现快速反应和统一部署，进而实现网络信用监管从被动应付型向主动保障型、从传统经验型向现代高科技型的战略转变，将失信对社会及人民可能造成的损害和威胁控制在最低限度。

4. 提升产业自律，净化互联网产业环境

平台以主动监测、及时报送为设计原则，形成大数据技术有利抓手为执法工作服务，有助于电商产业形成自律氛围，形成互联网产业环境的净化循环，改变了网络信息野蛮发展的现状，加快电商产业规范化调整的步伐，为互联网产业上下游营造良好的发展环境，使之持续有效地发展，提质增效地多赢发展，提升产业层次。

指南针-智慧信用监管自助平台的建设符合国家产业政策走向，有利于互联网时代的监管，大大提升了政府部门的执法效率，有效降低执法成本，有利于带动互联网产业的良性发展。平台本身具有高覆盖性、高适应性、高灵活性等特点，可根据监管需求及监管单位所在地进行灵活调整，对经济发展、产业结构调整、社会安全性提升等方面都具有积极的意义。

第三节 信用园区激发产业活力

2020年7月15日，国务院常务会议指出，应对疫情冲击和发展环境变化，必须贯彻创新驱动发展战略，深入推进大众创业、万众创新，激发市场活力和社会创造力，以新动能支撑保就业保市场主体。在加大对创业创新主体的支持方面，会议明确指出，中央预算内投资安排专项资金支持双创示范基地建设；盘活闲置厂房、低效利用土地等，加强对双创重点项目支持。基于信用大数据建设园区租赁管理体系，构建园区资管方、入驻企业信用画像，对企业履约能力和履约意愿做出综合评价，创新信用盘活地区闲置资产，利用金融手段保障入驻企业的生存发展，促进优质企业聚集，推动地区产业转型升级。

一、需求分析

1. 现状背景

园区作为城市的基本单元，是最重要的人口和产业聚集区，园区经济已经成为中国经济增长的助推器。然而，很多园区在初期基于单点功能建设，缺乏系统性规划，导致其在运营、管理、转型升级过程中面临许多问题。随着中国大部分城市进入“存量时代”，空间已由增量发展转向存量优化阶段，政府部门将探索对旧工业厂、地块、楼宇、房间等闲置空间资产进行有效管理和引导，完善激励机制，引导各方资源对接，合理利用闲置空间资产，为产业规划落地和招商引资落地提供有利的空间资源支持。

相比中心城区的园区占据地段优势，远离中心市区的园区因地理位置不佳，配套设施不完善，未形成产业聚集难以吸引企业入驻，入驻率和周转率相对较低。尤其在疫情之下，出于对经济前景不确定性及自身盈利能力的担忧，一些企业着力削减成本，节省开支，园区空置率明显增加，需要园区“腾笼换鸟”促进产业转型升级。

2. 可行性与必要性分析

2018 年以来，全国各地市政府积极开展闲置资产盘活工作，就“盘活困难企业闲置资产”“盘活闲置厂房”和“老旧工业区改造”发布相关指导文件，鼓励企业入驻闲置园区厂房，以此加快推进闲置资产盘活工作，拓展产业项目落地新空间，破解发展空间不足的产业升级痛点，培育工业经济新增长点。各地市在闲置园区盘活过程中存在以下难点。

一是园区招商渠道较为有限，供需双方信息不对称。园区运营方一般借助网络新媒体，如微信公众号、App、官网等官方渠道进行招商宣传。而业主（个人或企业资产所有者），则一般通过中介上架二手房交易平台或经熟人介绍进行交易。园区和业主对即将入驻企业的情况无法完全知晓，企业所能获取的闲置空间资产信息及相关政策十分有限，租赁双方信任成本高，一旦维权流程复杂。政府部门对闲置空间资产排查统计缺少信息化管理工具，采集过程烦琐（需要人工收集后统一录入）、低效、易错、孤立、信息传递滞后，难以掌握整个闲置空间资产信息。

二是缺少政策补贴下租赁需求行为的闭环监管，不便于管理、共享和利用，闲置资产盘活工作进展缓慢。

三是准入门槛低，真实性难以判断，面向人群集中，测评结果单一。在园区租赁应用方面，市面上主要运营的有 58 同城、安居客等为业主、租客及中介提供信息发布、咨询交流的中介平台。但此类平台的准入门槛低，难以判断用户真实身份核验和信息发布的可靠性、真实性。此外还有部分产业园区平台，主要服务于发展程度高的城市，采用“产业聚集”模式进行招商，地域性差异比较大，面向人群比较集中，对园区的测评较为单一。

总体来看，在园区综合管理应用方面，目前国内已有智慧园区解决方案主要面向于单个园区运营方，借助云计算、大数据、物联网等技术工具，改变传统园区简单粗放的管理和服务模式，构建可感知、可交互的新型智慧园区。在办公空间空置率出现趋势性上行、供过于求的大环境下，园区除了通过建设智慧园区节约成本和资源、提升运营管理效率和为入驻企业提供优质服务，来避免企业客户流失以外，更需要一个公开、透明、可信任的服务价值量化平台，来展现自身优势。信用园区租赁平台采用的区块链技术是一种分布式的数据储存系统，凭借其数据的不可篡改性、链上信息的透明可追溯等技术特点，能够实现数据资产化、追踪确责、共享，协调解决闲置资产信息不对称问题，降低供需双方的信任成本。

二、场景概要

信用园区租赁平台主要应用于园区综合管理中，是一个为政府部门、企业以及园区资管方和物业提供的集园区网格化管理和闲置资产信息共享于一体的服务平台。随着“闲置空间资产信息库”的不断完善，政府部门将准确掌握闲置资产信息，从而推动闲置厂房盘活的工作，形成长效机制，并且通过大数据实现闲置资产与企业之间的精准对接，解决企业与园区间信息不对称问题，盘活闲置资产。此外，平台基于区块链技术，借助区块链公开透明、不可篡改、可追溯等特性提高数据的可信度，开放接口引入国家信用大数据及平台场景数据，经过数据分析形成“信用画像”，为企业租赁及其他业务环节提供信用增值服务。

三、技术架构

1. 系统架构

区块链信用园区租赁平台的系统架构如图 2-4 所示，主要由基础层、核心服务层、应用层、安全体系防护体系及运行维护体系五部分组成。

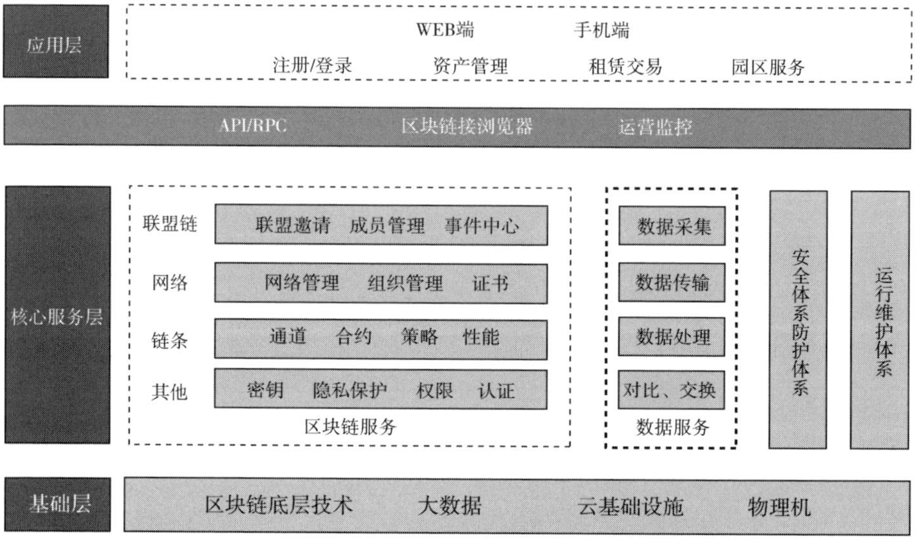

图 2-4 平台系统架构图

其中基础层主要提供基础能力，包括云基础设施、物理机、区块链底层技术、大数据。

核心服务层主要提供区块链服务及数据服务。其中区块链服务包括联盟管理、区块链网络管理、链条管理和其他服务，是上层区块链应用的基础。数据服务包括数据挖掘、清洗加工、数据转化、数据分析，为上层的信用增值服务提供评估信息。

核心服务层提供 API/RPC 接口技术、区块链浏览器等，供上层应用开发。

应用层即最终展示给用户的信用园区租赁服务平台，结合政府对闲置资产排查登记、推进盘活闲置资产的需求，提供资产管理、租赁交易、合同管理、园区服务、信用报告等业务服务。该应用可通过 WEB 端或手机端提供服务。

安全体系防护体系和运行维护体系可为整个区块链信用园区租赁服务平台提供安全防护能力及运维支撑能力，保证平台安全、稳定地运行。

2. 区块链架构

信用园区租赁平台采用的是区块链中的联盟链，链上节点由政府相关部门、业主、企业、园区资管方（包括运营方、物业）共享节点共同构成。其中政府相关部门节点作为全节点存有区块链所有区块的完整副本，以对闲置资产的盘活情况进行监督。业主、企业、园区资管方节点为轻量节点，只需保存完整的区块链账本，区块链系统运行框架如图 2-5 所示，网络拓扑如图 2-6 所示。

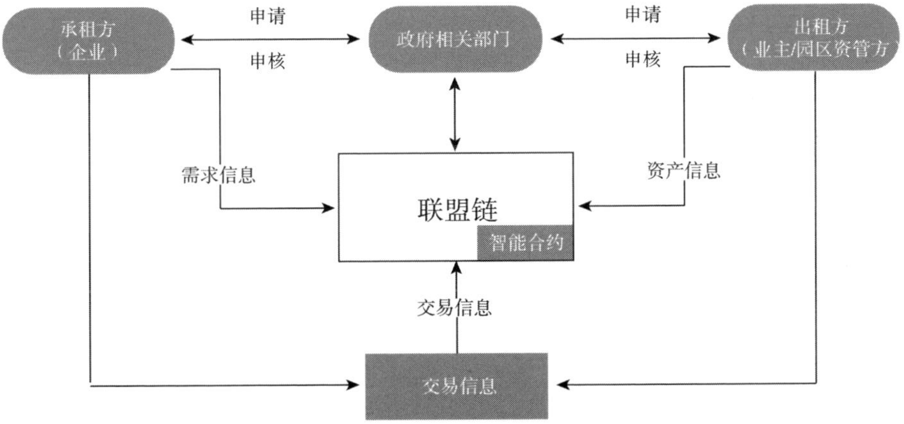

图 2-5　平台区块链运行框架

联盟链首先由政府相关部门建立，园区资管方、业主和企业等参与方主动参与、递交申请，由政府部门对其资质进行审核，审核通过后方可在平台开展业务。出租方（园区资管方、业主）在平台上登记资产情况、发布招租信息，承租方（企业）登记需求信息，所有资产均登记上链。当参与方之间产生了租赁交易需求，承租方首先向链上所有节点广播经数字签名后的该笔交易信息，出租方解密并核对确认该广播信息的真实性和正确性后，向全网节点广播数字签名后确认信息，随后将业务信息和交易信息打包后，将区块上链。由于先前已经向全网节点广播了交易信息，全网节点用其对区块进行验证，验证过后，区块便完成上链，同时触发智能合约，根据交易信息自动申请政策补贴。交易信息存储在区块中，政府部门能够根据区块验证交易的真实性，从而解决政策补贴落实核验问题。此外，通过智能合约能够制定各类缴费的逾期利率，若逾期则自动执行合约条款。

3. 数据架构

如图 2-7 所示，系统数据架构主要由原始数据库、资源库和数据应用库组成。原始数据库负责存储从内部和外部实时采集的结构化和非结构化数据，不做任何改动和处理。将原始数据库数据按照一定的治理规则进行处理，经过校验、清洗、转换、整合后，把处理后的数据分类加载到资源库中。根据业务规则关联数据，对指标数据进行统计分析并计算形成统计报表，实现数据价值挖掘，为应用提供数据支撑。

4. 用户信用评级模型

针对承租方企业用户建立信用评级模型，将其信用分为三个等级：优质客户、失信客户、预警客户。

如表 2-1 所示，优质客户主要指历史缴费记录良好、企业经营状况稳定或未来有可能规模提升的用户，是出租方（园区资管方或业主）重点维护的客户资源，政府重点政策扶持对象；失信客户主要指存在违约、不良缴费记录用户，是出租方重点回避的客户资源，政府不给予相关优惠政策或财政补贴；预警客户主要指存在潜在违约的用户，是出租方重点防范客户资源和政府重点关注扶持的企业。

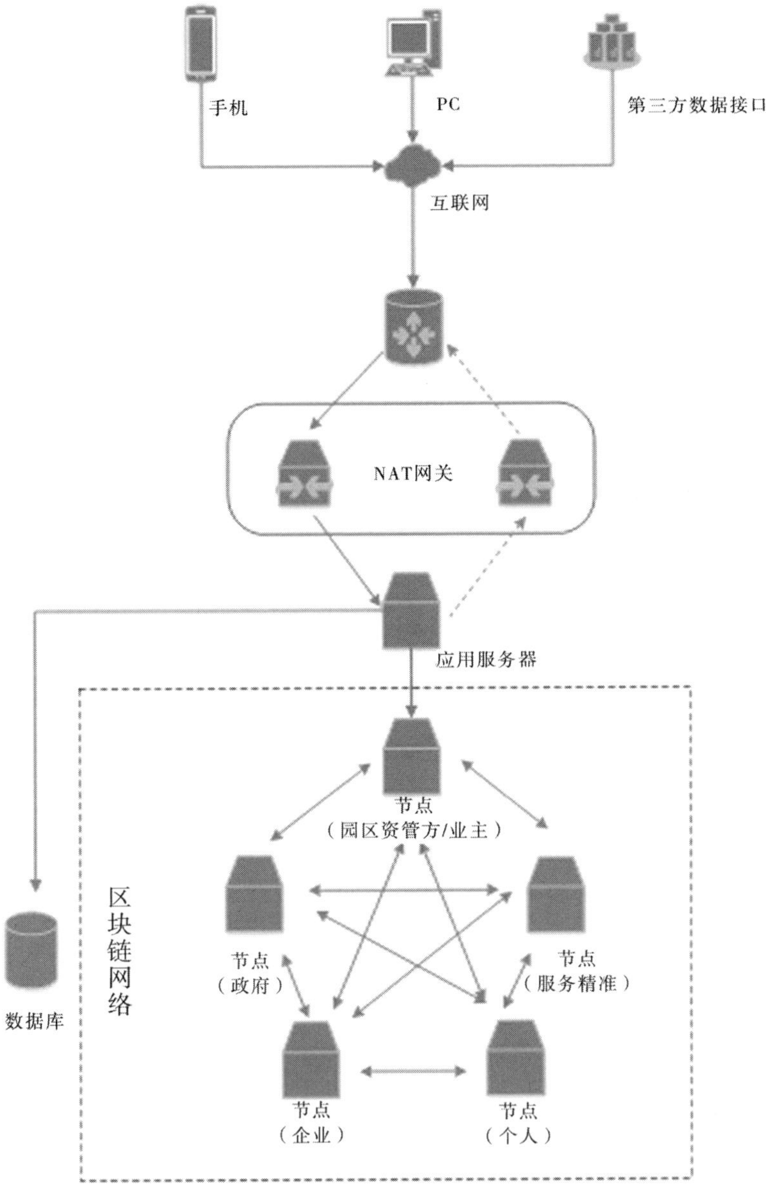
手机
PC
第三方数据接口
互联网
NAT网关
应用服务器
数据库
区块链网络
节点
（园区资管方/业主）
节点
（政府）
节点
（服务精准）
节点
（企业）
节点
（个人）

图 2-6　平台网络拓扑

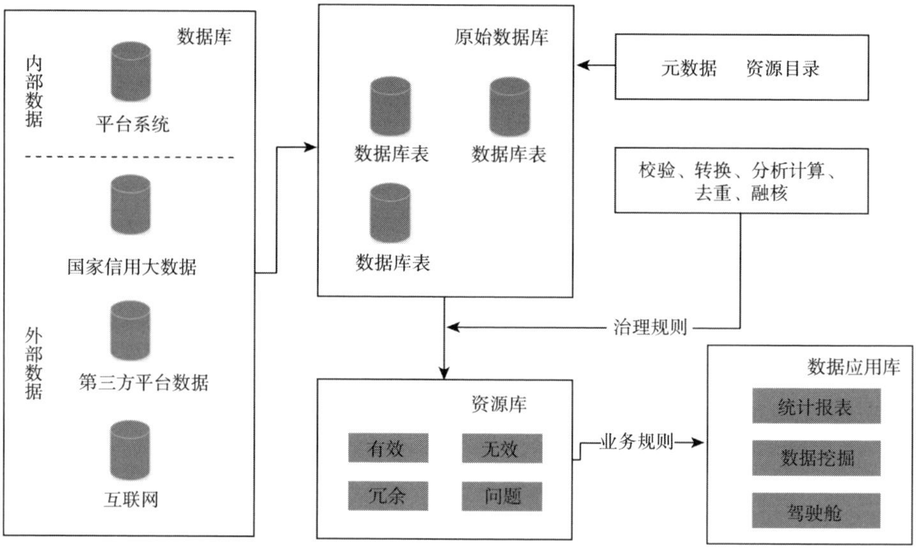

图 2-7 平台数据架构

表 2-1 平台用户信用等级

维度	表现	对应措施
正向激励 优质客户	按时全额缴费（租金/物业）	1. 优先提供园区企业服务（如活动参与、政策辅导等） 2. 优先提供贷款推荐（与银行合作贷款项目） 3. 优先提供其他服务
反向惩戒 失信客户	12 个月中存在 2 次以上违约记录的企业	1. 失信记录提交信用管理部门 2. 租赁合约到期不再续约
中间预警 预警客户	1. 存在逾期缴纳情况，但无违约金的企业（缴费习惯不太好的用户） 2. 12 个月内有 1 次违约且存在欠费、逾期缴费可能性的用户	1. 提醒用户按时缴费 2. 租赁合约续约风险参考

资料来源：作者根据相关数据整理。

表 2-2 为平台承租方的数据类别示例，采用数据挖掘方法，从社会关联信息、园区租赁情况两个属性，为承租方企业的信用增值服务提供有效

依据。其中，名称、证件信息直接从平台个人信息资料获取；关联社会信息，通过构建符合企业特性的敏感特征，如企业工商信息、通信信息、财产信息、车辆信息等来判断企业的基本社会信用状况，关联园区企业行为，考查企业的存续能力及履约情况。一般情况下，将企业规模大、经营良好、无违法失信行为、注重资质、履约情况良好的企业视为信用风险较低。

表 2-2　平台承租方数据类别（部分示例）

数据类型	信息类别
基本信息	工商信息
	投融资信息
	双公示和不良信息
	涉税信息
	司法信息
	能力和资质信息
	企业经营信息
	专利信息
园区租赁情况	位置
	面积
	单价
	年限
	支付方式
	付款情况（履约）

资料来源：作者根据官方备案的企业征信机构提供的企业信用信息，从经营风险、法律风险、知识产权三个维度判断整理。

针对出租方（园区资管方或业主）则从园区的运营情况、配套设施、活动开展、入驻企业反馈评价等方面入手，对其开展园区运营、物业管理服务等工作进行信用评分，主要划分为高、中、低三个等级，作为政府政策扶持、优先进行闲置资产对接的参考依据，以及企业初步对园区评估的重要参考，表2-3为平台出租方的数据类别示例。

表 2-3 平台出租方数据类别（部分示例）

数据类型	信息类别
基本信息	工商信息
	园区类型
	入驻率、数量
	租赁情况（位置、面积、单价）
	配套设施
	周边配套
服务管理	公共服务
	保洁维护
	秩序维护
	停车管理
	设施维护
	活动举办（种类、数量、频率、内容）
服务满意度	消息发布及时性
	服务响应速度
	问题发生频率
	服务评价（维修、安防管控、环境、公共设施管理）

资料来源：根据《泉州市物业管理服务收费指导标准》相关规定整理。

四、主要内容

如图 2-8 所示，平台基于区块链分布式存储功能，建设闲置资产信息库，提供园区网格化管理服务，由用户层、接入层和服务应用层组成，包含了个人中心、资产管理、租赁交易、园区服务、业务增值等多项应用和服务。

1. 个人中心

个人中心服务包含账号管理、认证信息、安全配套等功能。账号管理即对登录账号进行管理，绑定邮箱、手机号、实名认证等；认证信息即对用户进行企业认证和法人认证；安全配套包含权限管理、子账号管理、签章管理、操作日志。

图 2-8　平台服务层级示意图

2. 资产管理

平台为园区资管方或业主提供资产登记和信息管理服务。资管方通过该模块将资产信息（如厂房、楼宇、房间）及相关信息登记到平台进行备案，上链保存。资产信息库显示资产备案信息，资产状态分为已出租、闲置两种状态，政府部门可以查看所有资产信息报表并导出，资产信息库示意图如图2-9所示。

3. 租赁交易

租赁交易功能主要遵循信息发布→交易撮合→合同签订流程。

一是信息发布，资管方可以查看已备案的资产信息，并将闲置资产发布到“交易中心”；承租方可以发布对园区租赁的需求。

二是交易撮合，根据不同区域产业特性，为承租方提供资产的交易均价、入驻率、入驻数量等资产信息，为资管方提供企业信息。合同签署前，交易双方可以通过区块链查看双方历史信用信息和信用画像，判断对方是否存在信用风险。

图 2-9　平台资产信息库示意图

三是合同签订，通过平台签订合同，根据租赁期限、付款方式创建相应的智能合约，自动下架资产信息。如有违约现象，可以快速取证，减少维权成本。

4. 园区服务

信用园区租赁平台主要为园区提供以下服务：

一是物业管理，包括车位管理、车辆管理、维修管理、保安管理、保洁管理等服务；

二是结算中心，包括财务统计、缴费管理等服务；

三是意见反馈，提供园区反馈窗口等服务；

四是公告，提供园区活动、通知等发布报名渠道。

5. 业务增值

在增值业务部分，信用园区租赁平台能够提供以下服务：

一是数据服务，包括提供信用查询、大数据匹配、区块链浏览器等服务；

二是金融服务，为入驻企业和园区资管方开展金融机构评估授信、资金贷款等提供数据支撑和辅助决策服务；

三是招聘服务，求职者可在平台上发布应聘信息，系统会推送适合的企业信息，方便个人用户匹配，企业可以将园区信用档案推送给求职者，通过多维度提升企业信用、形象；

四是政府服务，包括意见征求、相关政策发布、项目推荐、政策补贴申领等服务。

6. 监管大屏

平台通过可视化的方式展现园区各项情况，通过定制数据大屏提供可视化监管服务。

五、创新亮点

平台综合运用区块链、大数据技术实现企业档案、供需匹配、信息核验等服务应用，构筑了完整的信用园区管理生态圈，为各地信用园区管理提供了可靠的建设方案。

一是利用区块链+信用大数据构建链上企业终身档案。资产供需方使用平台之前需要通过认证机构（如政府、街道）的认证与信用背书，闲置空间资产数据由资管方主动上链，上链数据一旦上链任何人都无权进行篡改、删除和伪造，从而保证数据安全。资管方对上链数据负责，有效规避为招揽企业编造虚假信息。

二是运用大数据和风控手段匹配供需，双方链上进行交易，将交易流程转化为“智能合约”。双方签署合约后，自动执行合约条款。

三是申请政策补贴时，可从联盟链上快速取证，可以到区块链的地址上查询该电子合同是否存在或是否被篡改，可提高信息不对称情况下的核验效率。

四是使用区块链技术实现园区联盟生态，整合产业资源、合理布局，探索构建以园区和企业为主体，政府协同下的信用园区。

六、社会效益

根据世邦魏理仕集团的数据显示，2020 年第二季度，上海和深圳两个城市的高档写字楼空置率分别攀升至 20%和 21%，均为 2008 年金融危机以来的最高水平。整个产业地产存量过剩，城市空置率出现上行趋势，除写字楼以外，厂房、地块也存在着闲置。资产闲置是业主的巨大损失，也是国家资源浪费。平台通过鼓励园区和业主自主上传闲置资产信息，加强政府对闲置资产的调查摸底，掌握存量资源底数，因地制宜配套政策和措施，整合离散资源，依托原有的发展基础，引导各方资源对接，将助推闲置的资产尽快得到有效利用、产生效益。

第四节　信用履约监测加码服务实体经济

信用履约问题是当前建设社会信用体系的痛点。一方面，各级政府部门和大型国有企业拖欠中小企业款项问题、民营企业间的合同违约较为突出。另一方面，小微企业违约、携款跑路现象层出不穷。尽管各类政策法规及规章制度相继出台，传统思维及监管手段存在的局限性并未完全抑制违约行为的发生。信用履约监测服务平台包括两个子平台：一是合同类信用履约监测预警平台，将取证功能全流程贯穿市场主体的履约行为；二是预付类履约能力监测预警平台，从信用角度对预付类商户进行管理。通过政务诚信监督、解决合同履约争议、信用承诺履约跟踪、信用履约灰白名单的建立等方式为解决上述问题提供了全新的思路，从而合理建立线上信用履约保障和监督环境，提供合同履约争议解决机制和资金托管以及应收账款质押借款机制，预计平台将大大减少合同及预付卡金额损失、降低消费者诉讼成本、提高市场主体信用履约意识。

一、需求分析

信用履约监测服务平台（一期）主要分为两个子平台，分别为合同类信用履约监测预警平台及预付类履约能力监测预警平台。两个子平台虽然都使用了相同的取证技术及信用调解流程，但其市场需求及服务对象却存在一定差别。

1. 合同类信用履约监测预警平台

其服务对象主要为政府机构、事业单位及各类民营企业，根本目标在于提升政府机关、事业单位及各类企业合同主动履约比率，促进各类主体合同约定履行自觉性的同时提升区域政务诚信及商务诚信水平。习近平总书记在 2020 年 7 月 21 日的企业家座谈会上曾提到社会主义市场经济是信用经济、法治经济。法治意识、契约精神、守约观念是现代经济活动的重要意识规范，也是信用经济、法治经济的重要要求。

应收账款是民营企业特别是中小型企业的重要资产，截至 2019 年 12 月底，各级政府部门和大型国有企业共梳理出拖欠民营企业和小微企业账款 8900 多亿元。国家统计局数据显示，截至 2020 年 5 月末，规模以上工业企业应收账款共 15. 13 万亿元，同比增长 13. 0%；应收账款平均回收期为 58. 8 天，同比增加 10. 4 天。其实，早在 2012 年《国务院关于进一步支持小型微型企业健康发展的意见》中就已提出“研究制定防止大企业长期拖欠小型微型企业资金的政策措施”。直至 2020 年，面对新冠疫情的冲击，大量民营企业的经营生产都受到了不同程度的影响，一些企业甚至因长时间的停工停产以及资金周转困难被迫停止营业。面对如此严峻的市场行情，李克强总理于 2020 年政府工作报告中指出要优化民营经济发展环境，限期清偿政府机构拖欠民营和中小企业款项，构建亲清政商关系，促进非公有制经济健康发展。为了保障中小企业的合理权益，增强其抗风险能力，2020 年 7 月 5 日国务院颁布了《保障中小企业款项支付条例》，并于9月1日起正式施行。

另外，民营企业间的合同违约事件数量近年来也在不断攀升。据统计，仅上海市普陀区人民法院2017—2019年上半年就审理了各类合同纠纷案件7148件，总标的达38.86亿元。佛山两级法院于2018年受理涉民营企业的商事案件23187件，其中71%的案件属于合同类纠纷。2018年，重庆法院也审结了涉民营企业案件12.9万件，挽回经济损失近500亿元。尽管各类政策法规及规章制度的出台并未完全抑制违约行为的发生，在大数据智能化的时代，将所有合同的签署、履行直至完结的全流程透明化处理，成为保障社会各类企业自觉履约的捷径。

合同类信用履约监测预警平台基于区块链概念和网络数据固化技术开发的取证功能将全流程贯穿市场主体的履约行为并形成证据链留存于第三方司法机构。场景具备的“信用调解”机制将合法合规的市场信用惩戒机制前置，可以在没有行政及司法部门的干预下，预计以低成本解决80%左右的合同纠纷。加强企业市场竞争能力的同时，助力企业市场拓展并减缓资金压力。

2. 预付类履约能力监测预警平台

其服务对象主要为“小小微企业”即个体工商户以及广大消费者群体。平台通过为消费者提供互联网征信大数据、运用网络取证技术保存交易过程和证据、引入资金托管和应收账款质押借款、提供信用维权工具等，打造商家和消费者“预付式消费”放心平台。

据数据分析，2019年度上海市消费者协会共接到预付类投诉44275件，同比增长61.53%；涉及企业7069家，同比上升33.9%。根据中国消费者协会公布的数据，2020年1月20日至2月29日，全国消协组织共受理涉疫情消费者投诉180972件。其中，合同问题投诉量为35260件，培训服务类预付费纠纷成为投诉热点。

面对健身房、美容院、教育培训机构等跨行业多类型的预付类商户监管难点，2012年商务部通过了《单用途商业预付卡管理办法（试行）》，各省区市政府部门也都在积极研究制定其管理规范。例如上海市于 2019 年实施了《上海市单用途预付消费卡管理规定》。2020 年 4 月商务部又发布了《关于做好单用途商业预付卡管理工作的通知》。然而，传统思维及监管手段无法全面覆盖小微企业，发卡商户的不良信用及不诚信行为在降低其商誉的同时也为消费者带来了困扰，成为影响社会和谐稳定的重大风险。

预付类履约能力监测预警平台，从信用角度，对预付类商户进行管理。其目的不仅在于帮助信用良好的预付类企业破解资金短缺难题，还给予消费者一个直接了解商户过往信用的途径，在引导商户诚信经营良性发展的同时，帮助消费者做出正确选择。

二、场景概要

中小企业是建设现代化经济体系、实现经济高质量发展的重要基础，是扩大就业、改善民生的重要支撑。近年来，中小企业融资难、融资贵的问题始终未得到有效解决，银行等金融机构对于给民营企业贷款，特别是信用贷款一直顾虑重重。同时，其他企业拖欠中小企业款项问题也较为突出，导致中小企业账户中的流动资金逐年减少。应收账款回收难、合同款项未得到有效支付等问题严重阻碍了各类企业经营发展。此外，面对连年激增的预付式消费，消费者往往又爱又恨。作为消费者获得优惠，商家快速回笼资金的捷径，预付式消费体量正在逐年攀升。然而失信商户携款跑路等一系列不良反应却难以得到有效控制，导致消费者始终在商家优惠及潜在风险中徘徊。

信用履约监测服务平台具备合同履约预警、监测、资金托管及应收账款质押借款等功能，不仅提高了社会主体间合作履约意愿，还在保障企业、商家及消费者利益的同时，盘活银行信贷，加码实体经济。

信用履约监测服务平台（一期），主要服务对象为各级政府、招商引资企业、各类中小微民企及预付费消费者等。平台基于区块链概念和网络数据固化技术开发的取证功能对系统中存管的项目合同、预付类合约进行信息留痕处理并形成证据链留存于第三方司法机构。在合理利用信用工具提高双方履约意愿的同时，平台还辅有信用调解机制，并引入资金托管、应收账款质押借款以及信用维权等功能。平台的建立一方面能够最大化招商引资成效，强化招商引资领域的政务诚信水平，优化营商环境；另一方面还聚焦小微企业，降低预付类消费违约事件发生概率，帮助信用良好的预付类企业在锁定客户的同时破解资金短缺难题。

三、技术架构

1. 平台系统架构

信用履约监测服务平台（一期）系统主要分为门户网站、后端运营管理端、评价系统等，其系统架构包括运行环境、数据库、数据层、业务层、展示层等，如图 2-10 所示。

2. 平台技术架构

信用履约监测服务平台（一期）因为其对安全性、实时性、并发性的要求比较高，因此采用目前最流行的微服务框架（spring cloud）来进行整个平台设计开发，其技术架构如图 2-11 所示。

3. 网站的主要技术架构设计

前端展示采用“vue2. 0+html5”渲染页面展示效果，后端采用 nginx 负载均衡，spring cloud+Redis+Elasticsearch+rabbitMq+postgresql 来完成 Api 服务以及运营管理系统的设计开发。

4. 网络拓扑

信用履约监测服务平台（一期）是一个用户量较大、实时性要求高的系统，所以对网络安全性和稳定性要求都比较高。平台规划应用于该系统的网络结构如图 2-12 所示。

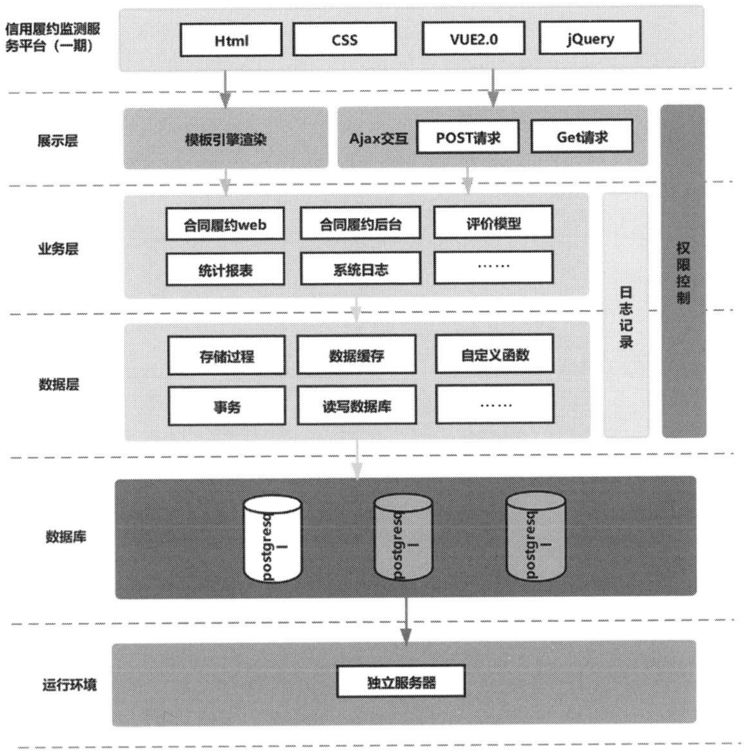

图 2-10　信用履约监测服务平台（一期）系统架构

5. 合同履约评价建模流程

信用履约监测服务平台（一期）是为各类社会主体、广大消费者群体提供优质、精准辨别合作方履约能力的平台，而履约能力评价是其中一个很重要的指标。平台将根据主体用户（法人、非法人组织）的历史履约记录、当前正在履约情况、客户评价、第三方信用公司提供的可靠信用数据（包含主体信息、经营情况、风险信息、司法信息等）进行综合客观履约评价，并输出具体评价结果，让各类社会主体及消费者可以更加直观、方便选择自己想要合作的对象。平台评价建模流程如图 2-13 所示。

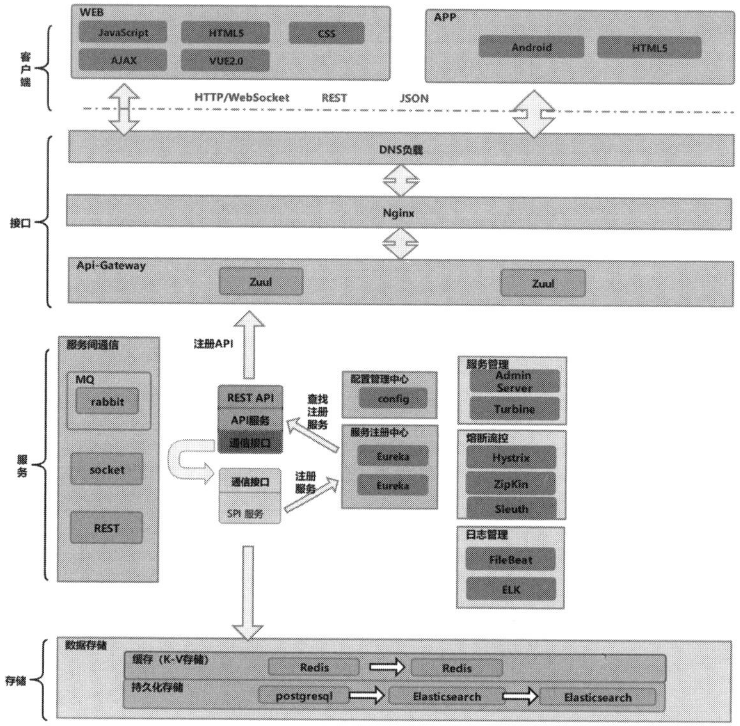

图 2-11　信用履约监测服务平台（一期）技术架构

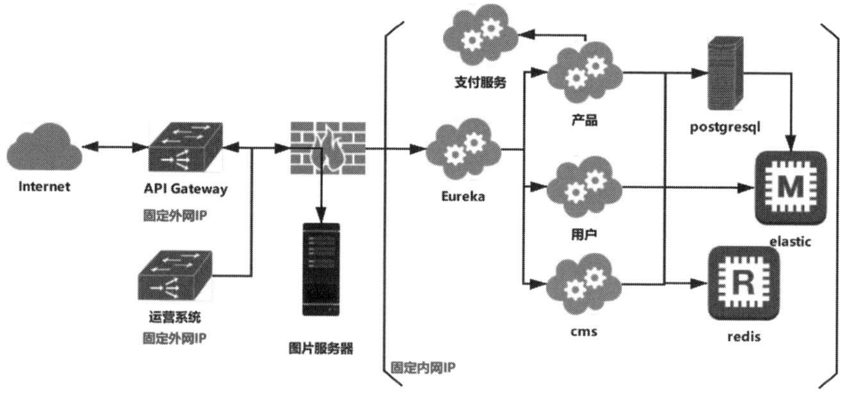

图 2-12　信用履约监测服务平台（一期）网络拓扑

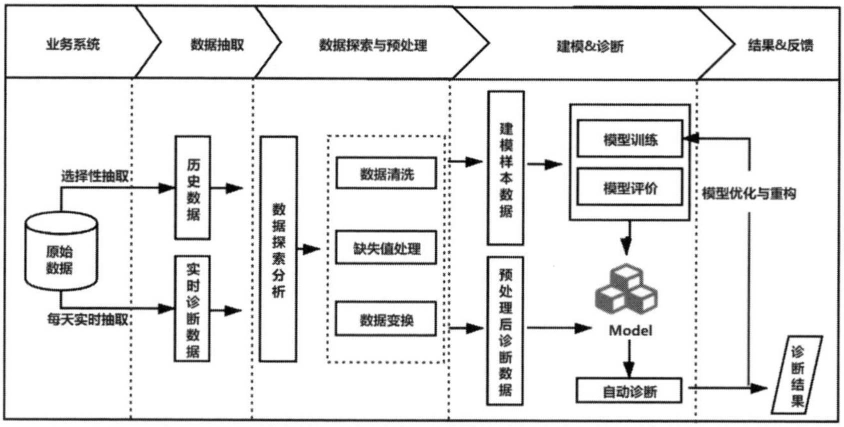

图 2-13 信用履约监测服务平台（一期）评价建模流程

6. 信用履约监测服务平台（一期）应用场景技术实现方式

信用履约监测服务平台（一期）主要适用于各类企业、普通大众用户和商户主体。每类平台用户将有多个履约记录，系统会采用互联网取证技术将这个过程中所需所有数据进行保存，作为后期履约评价的一类重要信息使用。此外，各类主体互相之间的评价信息也会纳入取证系统中。

各类主体履约过程信息将与第三方信用公司提供的信用数据进行结合，并依据履约评价模型输出一个综合客观履约评价结果。最后，评价结果通过相应技术加工后将形成可视化成果在平台中进行对外展示。

7. 底层数据项及数据建模方式及维度

（1）底层数据项

合同履约数据，包括甲方名称、乙方名称、合同名称、合同内容、履约时间限制、履约状态、双方评价信息等。

预付类数据，包括商户名称、发卡类型、数额、金额、消费状态、评价信息、评价时间等。

第三方征信数据，包括年报、变更信息、股东信息、荣誉信息、行政处罚、行政许可、裁判文书、开庭公告、负债信息、异常经营名录、被执行人、失信被执行人、黑名单、资质信息等。

（2）建模方式及维度

平台采用的评价模型以经济学家吴晶妹教授提出的三维信用论为理论基础，从诚信、践约、合规三个维度对各类数据进行归集并划分至不同维度。根据每个维度的比重，赋予每种数据类型相应的权重，并根据不用的权重关系，构建评价模型。模型评价全流程均由机器自动输出，排除人工干扰，以保证最终生成客观、中立、可信赖的评价结果。

四、主要内容

信用履约监测服务平台（一期）由两个不同的子平台构成，分别为合同类信用履约监测预警平台以及预付类履约能力监测预警平台。

1. 合同类信用履约监测预警平台

（1）平台简介

合同类信用履约监测预警平台是一个集政府类主体、企业、政务诚信监管部门、信用机构共同参与、共同打造于一体的信用履约场景。此平台主要解决政府部门与企业、国有企业与其他企业、企业与企业之间合同履约的问题。现阶段，平台一则可应用于涉政府主体类领域，如招商引资、政府采购、工程招投标、国有投资等；二则可应用于企业与企业之间合同履约。

平台采用信用承诺公示（跟踪）、合同履约公证、企业申诉（预警）、违约征信（取证）等手段，提高地区合作履约透明度，树立政府诚信、践诺的形象，营造良好营商环境。同时，也督促合作企业合规履约，对不履约行为进行曝光，纳入征信，进而净化区域内信用环境，营造诚信氛围。

（2）使用对象

合同类信用履约监测预警平台使用对象可分为四大类：一是涉政府类主体，包括政府部门、国有企业和事业单位；二是各类企业；三是政务诚信监管部门，包括区县发改委/督查室等；四是平台管理方，主要是合格信用服务机构。

(3) 功能实现

1) 合同“信用公正”

平台运用区块链技术和网络取证技术开发的“信用公正”系统，将实时建立合约信用履约档案以留存合同双方上传的履约相关信息，并进行“信用公正”和信用留痕。在履约过程中，合作双方可就履约进度进行系统双方互认，也可将双方争议内容放置平台，作为本合同履约档案重要组成部分，直至合作双方完成合同履约。

平台归集“信用公正”信息方式多元化，用户可选择填报、附件、图片、视频、音频等素材，也可采用系统提供的交叉互认功能。在区块链技术的保障下，平台可确保信息传输和访问安全，并实现数据一致存储，难以篡改。此外，平台引入的网络取证技术，还可为合作双方履约进程留痕，为后期可能出现的争议保存证据。

2) 政务诚信监督（涉政府类合同履约项目）

平台设定政务诚信预警机制，在信用公正的过程中，若发现政府部门、国有企业、事业单位有违约事实；或相关企业通过平台合同履约申诉渠道提交政府部门、国有企业、事业单位违约申诉和请求时，平台将向政务诚信管理部门及营商环境管理部门推送违约信息，维护区域政务诚信建设。

3) 合同履约争议解决方案

平台按照信用调解、政府干预、司法诉讼的逻辑程序，设计合同履约争议解决方案。若发生履约争议，交易双方可向系统发出信用调解申请，平台接收到申请后，将对争议进行评估。符合信用调解的案件，平台会调取在合同“信用公正”过程中积累的大量交易双方合同履约档案材料，形成证据链，向疑似违约方发出诚信警告，并展示其违约事实。对拒不履约的主体，进行重点关注，并在达到一定标准时纳入违约征信。信用调解无法解决的案件，平台将推送给政府监管部门进行干预。政府部门干预后还未能解决的案件，可委托给平台合作律师事务所进行司法诉讼程序。合同类信用履约监测预警平台信用调解页面。

4）信用承诺

合同类信用履约监测预警平台将信用承诺类型分为主动承诺、合作履约承诺两种类型，并实现信用承诺履约跟踪功能。

一是主动承诺展示。涉政府类主体、合作企业、信用监管部门等都可以通过平台发布主动信用承诺，承诺内容包括政策落实、条约兑现、合法经营、诚实守信、监管到位等。

二是合作履约承诺展示。合作双方在合作过程中，各自进行履约信用承诺，作为平台信用监督依据之一。合作双方在合同约束下，增加另一层信用约束，提升其合同违约成本，降低双方合同违约率。

平台的各类信用承诺将被实时跟踪。若发生事实性违背承诺情况，平台将相关信息纳入失信记录，移入主体信用履约档案，并向各类征信机构和公众进行公开展示和推送。

5）结果应用

一是建立信用履约白名单。信用履约白名单主要展示履约情况良好、连续“信用公正”多次、未发生信用违约事件，并作出相应信用承诺的主体。此名单分为政府白名单榜和企业白名单榜。

二是建立信用履约灰名单。信用履约灰名单主要用于履约情况不良，在平台发生 2 次以上信用违约事件，或被地方政府部门纳入合同违约重点关注名单对象的相关主体进行对外曝光。

2. 预付类履约能力监测预警平台

（1）平台介绍

预付类履约能力监测预警平台可实现对预付卡发行商家入驻、资质审查、预付卡商品管理等功能。对广大预付类消费者平台可实现在线购买预付卡、查看商家诚信档案、消费账单查询等功能。此外，政府部门还可以通过此平台上商家登记的预付类信息对其经营规模、账款流向及信用风险进行实时监控。平台引入的资金托管和应收账款质押借款功能还可有效预防预付类商家“跑路”的情况发生。

预付卡管理平台的建立可以提供给消费者一个直接了解商户过往信用的途径，引导商户诚信经营良性发展的同时，帮助消费者做出正确选择，最终提升消费者辨别商户及事后维权的能力。

（2）平台参与方

预付类履约能力监测预警平台参与方包括预付类商户、消费者、预付类商户监管部门、第三方服务机构（如信用服务机构、律师事务所等）、合作银行或金融机构等。

（3）平台功能实现

1）预付类商户“信用画像”管理

预付类商户通过平台端申请口进行注册，系统依托征信数据库完成信用核查，确定商户及关联法人代表无预付类违约记录和行政处罚。通过核查的商户完成信用主体建立后，再完善其预付卡信息备注，即完成商户信用档案建立。

商户信用档案作为展示给消费者的基础信息，在商户大型预付卡和进行履约交易的过程中，其履约记录和履约能力信息将不断丰富，进而形成商户“信用画像”。

2）商户预付卡信用管理

每个商户均拥有店铺预付卡信用管理中心，商户可依据售卖的预付卡自定义信用管理项目，按不同的价格定义不同类型项目，作为售卖预付卡时消费者比选和建立实际信用履约管理项使用。每一位客户所购买的预付卡均可单独建立信用履约管理项目，并进行交易过程信用管理。

3）消费者预付卡信用管理

消费者通过平台注册，建立个人预付卡信用管理中心，集群化管理其所购买的预付卡。运用物联网技术，通过二维码手段建立商家和消费者交叉确认机制，对消费者的每一笔预付类消费进行过程化管理。同时，通过信息化手段关联对应商家经营情况，让消费者实时掌握所购买预付卡商户经营异常信息，及时做好维权准备。

4）信用二维码

消费者可通过商户信用二维码找到商户在平台上的相关信息，掌握其售卖的预付卡信用情况和履约能力。此外，信用二维码也是消费者与商家建立信用交易的直接交互端口，消费者可通过信用二维码确认其过往预付类交易信息。

5）监管部门预警监督联动机制

平台将实时向监管部门推送预付类商家违约预警和违约事实，便于监管部门及时采取有关措施，保障消费者合法权益，维权指导页面。同时，监管部门向平台共享的预付类违约商家信息，也会被及时对外曝光，帮助消费者第一时间进行风险规避，减少资金损失。

6）平台白灰名单

平台白名单用于对长期履行信用承诺，未发生过预付卡无法兑现问题及未接收到消费者投诉的诚信商家进行展示。商户通过自主申请、主动承诺、信用核查等程序，即可纳入平台白名单并在首页进行展示和推荐。

平台灰名单用于对违反信用承诺、曾发生过预付卡兑现问题、接收到大量消费者投诉以及被监管部门纳入黑名单的商家进行曝光和屏蔽。此外，平台还将运用大数据手段，在辨别商户法人是否为失信被执行人时，对商户进行背后真实股东识别；对于失信被执行人创办的企业和商户同样也会被纳入平台灰名单。

五、创新亮点

信用履约监测服务平台（一期）主要有三大创新点：

一是采用区块链及网络取证技术，合理建立线上信用履约保障和监督环境。通过对合同履约及预付类商家信息的全流程管理及相关信用信息的公开，联通信息孤岛。在保证政府最大化招商引资成效，帮助信用良好预付类企业提升回笼资金能力的同时构建企业及消费者可以互相信任的消费环境。此外，信用履约监测服务平台（一期）针对商户违约，消费者办理的预付卡无法兑现等情况提供了针对商户的集体诉讼功能。这个功能的设计可以在明确锁定交易双方的前提下降低消费者司法诉讼成本。

二是建立合同履约及预付卡争议解决机制——信用调解。平台按照信用调解、政府协调、司法诉讼的逻辑程序，设计争议解决方案。其中“信用调解”是将合法合规的市场信用惩戒机制前置，引入正规第三方征信机构，在行政及司法部门干预之前以低成本解决合同双方争议诉求。

三是建立“小微企业”的资金托管以及应收账款质押借款机制。平台计划引入金融服务机构，为部分企业商家提供预付类消费资金托管服务，并按约支付，保障双方合法权益。对有资金需求的企业商家，提供基于托管资金产生的应收账款质押借款功能，解决企业商家资金需求问题。

六、预期成效

通过分析信用履约监测服务平台（一期）支出预算（图 2–14）、收支平衡（图 2–15），可获悉当信用履约监测服务平台（一期）的服务对象（包含各类企业及消费者）达到 32000 个时，平台的综合成本与经济效益将会持平。

信用履约监测服务平台（一期）的预期成效将主要分为社会效益及经济效益两部分。

1. 社会效益

平台将产生积极的社会效益，预计每年减少 10%合同及预付卡金额损失；每年降低 80%各类主体及消费者司法诉讼成本；每年提升 20%市场主体及预付类商家合作履约诚信意识。

2. 经济效益

每年预计通过收取合同托存、商家推广、信用调解、履约数据取证等费用维持平台正常运转。预计每万份合约收益在 50 万元，每年收益增长率约 100%。

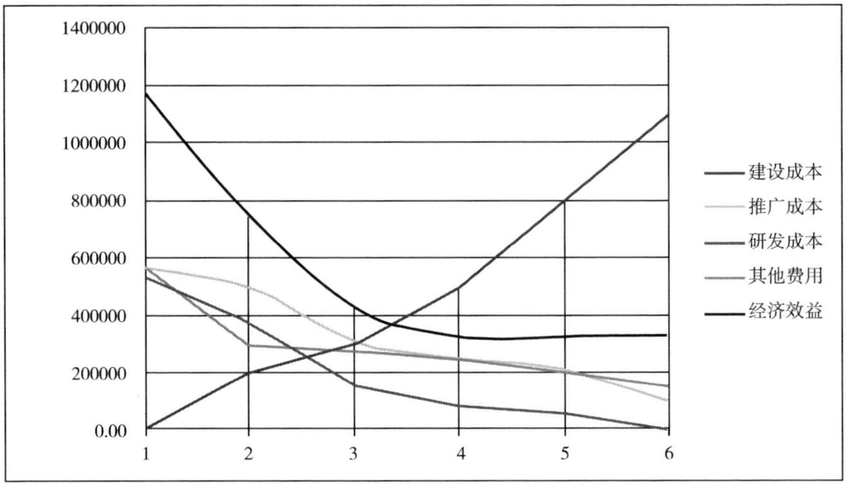

图 2-14 信用履约监测服务平台（一期）支出预算

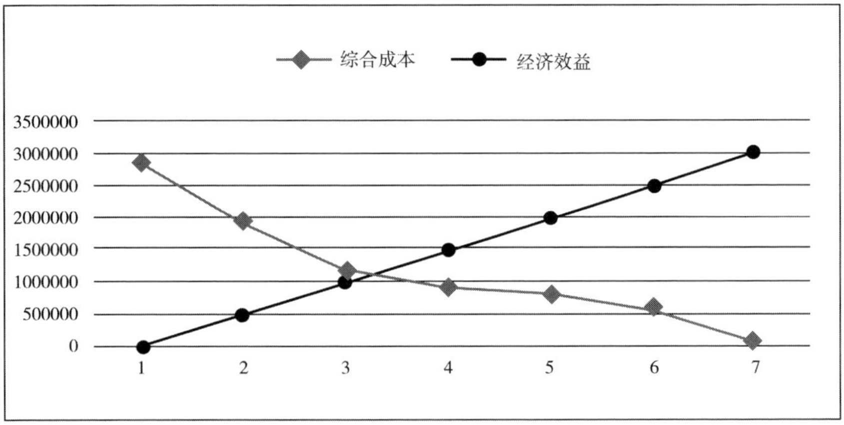

图 2-15 信用履约监测服务平台（一期）收支平衡

本章结语

本章服务于信用监管的四个案例中，“坪信惠”将消费者、商户、市场监管单位利用信息化平台进行联结，使三方信息互通、业务互评，将监管融入服务当中；“指南针-智慧信用监管自助平台”则利用数据资源与强大的AI能力，为政府进行网络监管提供半自助式定制化服务；“信用园区租赁平台”则聚焦园区建设，利用区块链技术实现园区资产、租赁的监管；“信用履约监测服务平台”通过合同电子化的方式，对合同履约进行全过程记录，以帮助企业进行决策。综上，这些案例均借助信息化手段，创新监管方式与流程，以信用大数据赋能特定行业、特定场景的监管与服务。

通过对上述案例的观察，结合全国各地各机构在信用监管方面做的诸多探索与尝试，可以总结出信用监管开展的关键“四要素”。一是规章制度建设，包括信用监管过程中涉及的规则、标准和清单，帮助监管部门明确信用监管开展的流程、信用信息采集评价标准以及监管过程中可以采取的措施，以保证信用监管向法治化、规范化的方向推进。二是数据归集与平台建设，为信用监管提供信息化基础，使信用监管数据可比对、过程可追溯、问题可监测。三是监管措施制定落实，事前环节信用监管措施主要有开展信用承诺、经营者准入前诚信教育、信用报告应用等；事中环节信用监管措施主要有建立市场主体信用记录、建立健全信用信息自愿注册机制、开展公共信用综合评价、推进信用分级分类监管等；事后环节信用监管措施主要有：健全失信联合惩戒对象认定机制、督促失信市场主体限期整改、开展失信联合惩戒、依法依规实施市场和行业禁入措施、追究违法失信责任、建立信用修复机制等。四是行业协会与第三方信用服务机构支持，行业协会作为从业者与政府监管部门之间的桥梁，通过协助政府实施行业管理，为会员单位提供咨询、沟通、协调等服务；第三方信用服务机构可为政府提供信用信息处理、信用评价等方面更为专业的服务。

受篇幅所限，本章仅提供了四个具体监管案例。在实际开展的信用监管中，还存在更多应用案例。例如部分城市开展的重点行业监管，将信用评价结果与“双随机，一公开”结合，对诚信企业减少检查次数，对信用较差的企业增加检查频率，以实现对诚信者“无事不扰”对失信者“利剑高悬”。也有部分城市在招投标领域大量应用信用承诺，要求招投标过程中招标人、招标代理、投标人、主要从业人员、评标专家、评标现场监督、公证等相关人员均须按相关要求签署信用承诺书，违反信用承诺的给予扣除诚信分、禁止参加招投标等相应处罚，以提高相关人员诚信意识，增加失信成本。

随着社会信用体系建设的深入，信用监管将进一步向法治化、智慧化、精准化、协同化发展。一是“法治化”，即法治建设进一步加强，具体表现为信用监管将严格依法依规开展，相关措施均有相应的规章制度作为支撑。二是“智慧化”，即进一步利用高新技术开展信用监管，具体表现为人工智能、大数据技术、区块链技术等将被应用于信用监管系统建设，支撑开展舆论监测、“信用画像”或信用风险预警等应用。三是“精准化”，即信用监管更有针对性，具体表现为借助信用评级评价、“信用画像”、信用风险预警等手段，监管人员将有的放矢地对失信从业主体加大检查与执法力度，提高监管效率。四是“协同化”，即信用监管向多部门配合方式转变，由于各地信用平台、监管平台的建立，各监管部门不再是数据孤岛，更趋向以信息流进行互相配合，开展联合检查、联合执法等协同监管活动，减少重复检查次数，减轻企业负担。

第三章

公共服务

信用大数据应用是当前公共服务领域关注的热点话题之一，对于信用大数据的有效分析和利用，能够为政府相关部门、行业企业和个人在公共服务领域发挥积极作用提供基础数据支撑。而当前，信用大数据在实际应用中存在数据安全监管规则缺失、数据资产价值评估困难、政策约束影响数据共享、信用大数据应用基础设施不足等诸多痛点难点。为此，各地政府部门及行业企业积极发挥自身优势资源，开展信用大数据应用尝试，通过区块链、人工智能、大数据等先进技术，完善信用大数据应用基础设施建设，完善数据治理构架，针对信用惠民便企的公共服务应用场景，建立开放共享的信用大数据生态体系，加速公共服务的申办和审批流程，提高公共服务效率、透明度和便捷度。

第一节　看病迈入“信用时代”

近年来，随着社会的发展，城市的常住人口及流动人口不断增多，医院每日接诊的患者日益增多，困扰着各大医院的“三长一短”（挂号、看病、取药排队时间长，医生问诊时间短）问题越来越突出，每日就诊高峰期患者在各大医院收费大厅排起了条条长龙，在诊疗过程中来回奔波于各个科室和收费窗口，造成患者对医院服务水平的不满和抱怨，大幅降低了患者的就诊满意度，也造成了一定的医患关系紧张。厦门市创新地推出市民信用“白鹭分”，搭建“白鹭分信用就医云平台”，将信用应用于医疗行业领域。平台通过基于面向服务的架构设计和基于人工智能的人群精确分析，覆盖了服务开通、结算、支付、退款清算等服务，简化优化了医院就医流程，平均就医时长由 90 分钟降至 45 分钟，就医效率提高一倍，就医体验明显提升。

一、需求分析

在厦门，大部分医院执行“门诊预交金”流程，虽然通过厦门市统一预交金平台解决了各家医院预交金不通用的问题，但患者的就诊流程依旧烦琐。如图 3-1 所示，患者在就诊前需要预存超过患者首次诊察费用的预交金才能就诊，且患者在进行检查、取药前都必须先进行结算，这样加重了系统运行负担，或使患者不可避免地要多次往返科室和收费窗口，不但浪费了大量的时间，也让整个就医流程显得烦琐，影响就医体验。

随着云计算、物联网、移动互联网、大数据等信息化技术的相继成熟，互联网医疗在医疗资源重塑方面具备了条件和能力，在重构医疗新秩序方面发挥巨大作用。为落实习近平总书记指示，积极推进“互联网+医

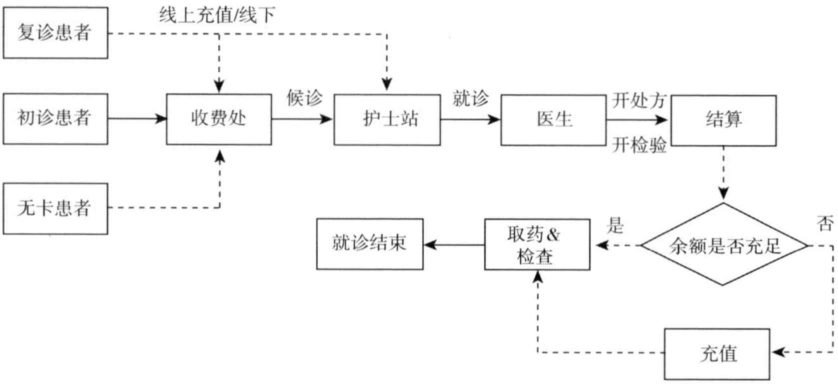

图 3-1 厦门传统就诊流程

疗”，让百姓少跑腿、数据多跑路，不断提升公共服务均等化、普惠化、便捷化水平，营造良好就医环境，提升医疗服务质量与水平。2015 年厦门市就开始探索“互联网+医疗”新模式，为优化医院就诊服务流程，打造具有特色的诊间结算、床边结算收费结算服务模式，逐步将患者在收费窗口办理的医保相关业务，拓展到医生工作站、护士工作站、病房护理站、医技科室等渠道办理，解决患者收费窗口排队的“看病烦”问题，同时也逐步减轻了医院收费窗口服务的压力。

2017 年厦门市提出了“电子健康卡”的新型互联网服务模式，在现有的线下办卡方式的基础上，通过微信公众号、App、网站等的线上服务，将实体卡变成虚拟卡，让“信息跑腿”代替“居民奔波”，极大地提升服务的效率，让居民办卡和用卡更加方便、顺畅，是一项覆盖广、群众需求迫切的惠民工程。

2018 年由厦门市信用办主办的厦门市民信用“白鹭分”正式上线。白鹭分从“基本信息”“守信正向”“失信违约”“信用修复”“用信行为”5 个指标维度设计市民信用评分模型，是反映厦门常住自然人守法履约状况和社会生活信用水平的公共信用综合评价体系。将信用应用于医疗行业领域，简化医院就医流程，是“信用+医疗”的一个契合点。设计结合城市个人信用白鹭分，提供“先诊疗，后付费”的服务模式，将有效优化现有就医流程，提升就医体验。

二、场景概要

白鹭分信用就医是以市民综合信用评分“白鹭分”为信用依据，建设白鹭分信用就医云平台，为市民提供诊前签约、诊中信用结算及诊后的信用账单服务和还款服务，为患者提供“先看病后付费”的就医模式。白鹭分信用就医的推广有利于优化就医流程，提升就医体验，市民开通白鹭分信用就医服务后即可获得最高2000元的信用额度，在医院就诊时无须缴费并自动进行医保结算，个人自付部分可根据信用额度进行自动结算，并在离院后进行一次性支付即可，免去就诊过程中所有缴费和结算环节，以此提升医院管理效率、降低医院运营成本，有效减少人员聚集，降低疫情传播风险，助力抗疫工作。

三、技术架构

基于城市信用体系的医疗机构信用就医技术架构，具体来说，“信用就医”的架构主要包含以下部分：

1. 厦门市信用就医统一云平台

包含信用用户、信用账单、推送配置、白/黑名单、逾期管理、三方对账、信用渠道对账、第三方对账等内容。

2. 卫健委统一接口与监管服务平台

提供医疗机构接入云平台统一接口，并对信用就医服务进行监管。

3. 城市信用体系——白鹭分

通过白鹭分平台校验用户身份信息及白鹭分分数。

4. 信用就医便民

基于智能支付模型、智能推荐模型、智能人群检测服务、智能信用分级引擎，实现信用就医便民应用，包含信用开通、信用授权、信用支付、信用账户等。

5. 实名身份认证体系

包含信用体系认证、电子健康卡、医保电子凭证、微信实名认证、i 厦门授权认证、院内实名就医。

6. 服务入口

包含白鹭分平台、医疗机构公众号、医疗机构生活号、医疗机构 App、医疗机构自助端等。

7. 其他

包含运行保障服务、信用安全体系、信息安全授权管理体系、信息标准化体系。

四、主要内容

1. 业务流程

白鹭分信用就医云平台基于白鹭分个人信用评分体系，结合电子健康卡进行搭建，通过与医院进行深度对接，打通院内就诊的结算流程，实现医院诊疗场景的信用服务。整体业务流程如图 3-2 所示。

（1）申请开通

用户通过白鹭分公众号、i 厦门、厦门市民卡等入口向信用就医云平台发起开通信用支付服务申请。

（2）授权

信用就医云平台根据申请为满足授信条件的用户建立账户，并根据用户的白鹭分值为用户分配信用额度。

（3）就诊

已开通信用支付服务的用户在医院就诊时，在预交金余额不足时，医院收费系统可向白鹭分信用就医云平台发起信用结算记账，用户无须现场支付即可完成整体的就诊环节。

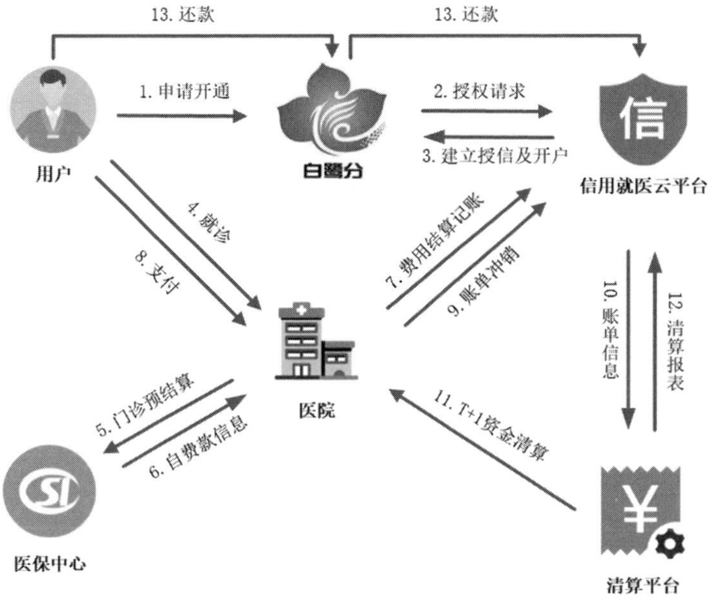

图 3-2　信用就医平台业务流程

（4）还款

用户在使用信用支付服务后，医院端信用就医服务将会定时自动通过用户绑定的代扣渠道扣取诊疗费用，用户也可自行在当日 20 点前还款。

由于代扣渠道费用不足等原因引起代扣失败时，该部分的费用由白鹭分信用就医云平台的用户个人信用额度先行垫付给医院，同时白鹭分信用就医平台相应扣除用户个人信用额度，用户需在指定的时间内向白鹭分信用就医云平台还款，白鹭分信用就医云平台将提前向用户推送还款信息，到期未还用户将被停止使用本服务。

（5）清算

白鹭分信用就医云平台采用 T+1 的资金清算机制，向医院结算费用。

2. 业务功能

（1）开通信用就医

白鹭分信用就医提供多渠道开通入口，如白鹭分公众号、i 厦门/厦门市民卡、医院公众号、医院自助机、美丽厦门、智慧健康公众号、信用就

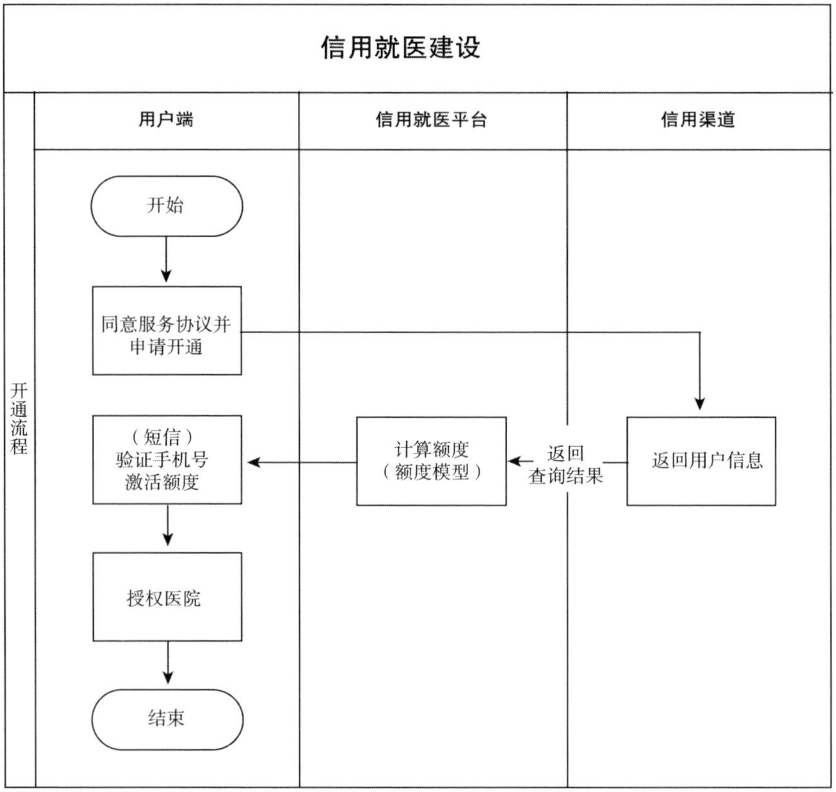

图 3-3　信用就医开通流程

医宣传物料等。如图 3-3 所示为信用就医开通流程，用户通过以上渠道进入信用就医开通页面，点击开通并阅读服务协议，同意协议内容。通过白鹭分平台校验用户身份信息及白鹭分分数。非白鹭分注册用户，使用提示引导用户注册白鹭分；已注册白鹭分用户，信息及分数自动传输给信用就医平台，通过额度模型及规则将白鹭分换算成信用额度，同时将用户基本信息及可申请额度展示给用户。为确保用户使用过程中及时反馈信用就医及跟进还款进度，需进行手机校验，通过验证码校验手机有效后，即可开通信用就医额度。开通后通过用户引导图层，提示信用就医一键授权，开通当前支持信用就医的全部医院，可查看个人账户额度。用户使用信用就医“先诊疗，后付费”时，可开通各个医院的免密还款。信用就医平台还可为用户提供定时代扣服务，省去用户手动还款流程，服务体验更佳。

（2）信用就医结算

如图 3-4 所示为信用就医结算流程，用户在医院就诊结算时，医生诊断结束直接进行结算。用户可通过医院 HIS 系统请求医保接口结算医保费用，再将自费部分通过支付接口调用信用就医平台结算。信用就医平台通过用户信息、授权信息、资金池情况等多维度进行校验，满足以上条件即可使用信用就医结算支付，以时间规则进行记账及兜底判断。记账处理完成后，调用支付接口返回医院结算结果，同时通过微信推送给用户本次信用就医信息。

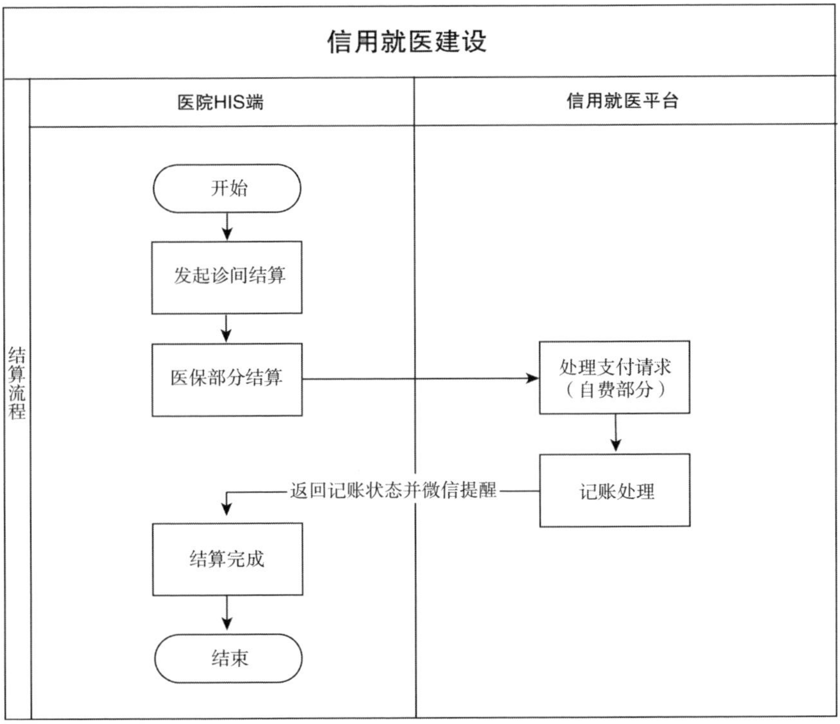

图 3-4 信用就医结算流程

（3）信用就医支付

如图 3-5 所示为信用就医支付流程，使用信用就医后，用户会定时收到当日账单短信/微信提醒。用户通过微信消息链接或者进入信用就医账户—信用账单，主动进行日账单支付。信用就医平台接收到用户支付请求，优先校验账单、待支付额度信息是否有效，通过校验后调用第三方支付平台，发起支付。用户选择适宜的支付方式，完成支付。信用就医平台获取支付结果后，更新账单状态并返还用户信用就医额度，用户将接收到支付完成结果。

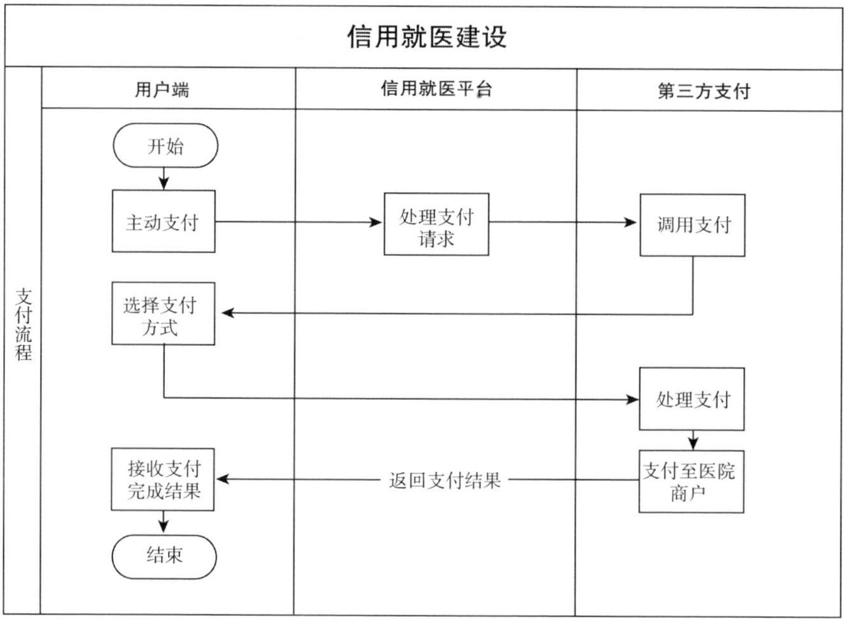

图 3-5　信用就医支付流程

（4）信用就医还款

信用就医平台通过记账管理，进行账单的分类管理，对当日账单进行定时代扣及兜底服务。账单兜底完成后，平台按账期 48 小时定时催款提醒用户。如图 3-6 所示为信用就医还款流程，用户接收到短信/微信消息提醒后，可通过微信消息链接或信用就医账户—信用账单进行账单还款。发起还款过程中，信用就医平台会接收到用户还款请求，进行账单、还款额校验，确认有效后调用第三方支付供用户选择支付方式。支付完成后，信用就医平台接收支付结果并更新账单状态及信息，同时校验用户是否在黑名单内，对黑名单用户进行移出，然后返还用户信用就医额度，用户支付后将收到还款完成结果。超过 48 小时未还款用户，将被自动移至信用就医平台黑名单内，冻结信用就医账户，不再提供信用就医支付及兜底服务，但还款及催款服务继续可用。

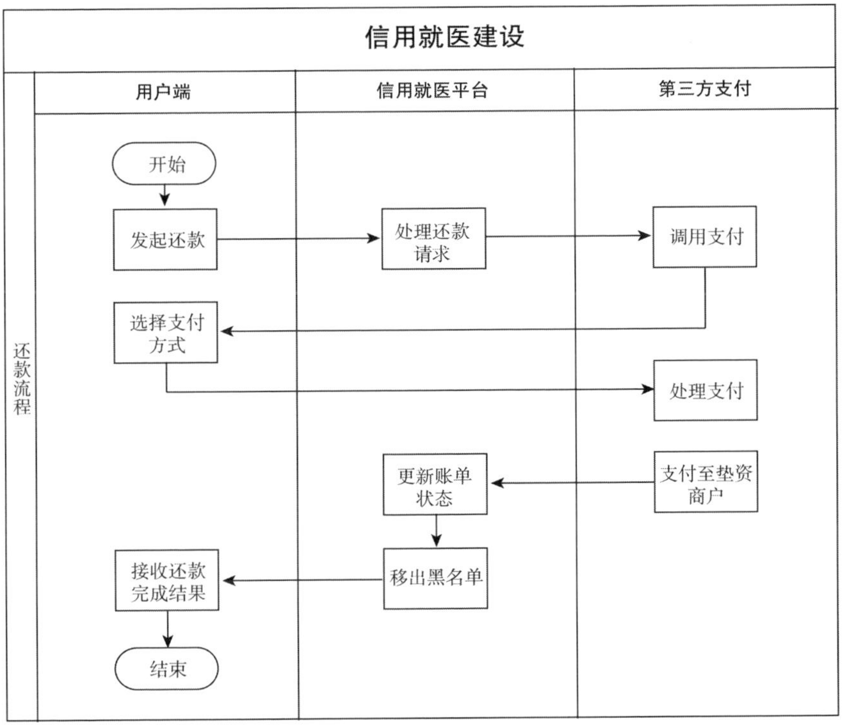

图 3-6　信用就医还款流程

（5）信用就医退款

如图 3-7 所示为信用就医退款流程，当用户需要退款时，可在医院办理退款流程，由医院 HIS 系统发起取消结算，信用就医平台接收到取消结算请求，进行用户信息、授权信息、退款金额、退款期限、扣款执行等多条件校验。平台在校验后根据扣款状态进行退款、退款额度处理，处理完成后，信用就医平台更新账单状态、信息。同时，返回 HIS 结算状态码，HIS 识别状态码进行结算取消，完成用户的退款。

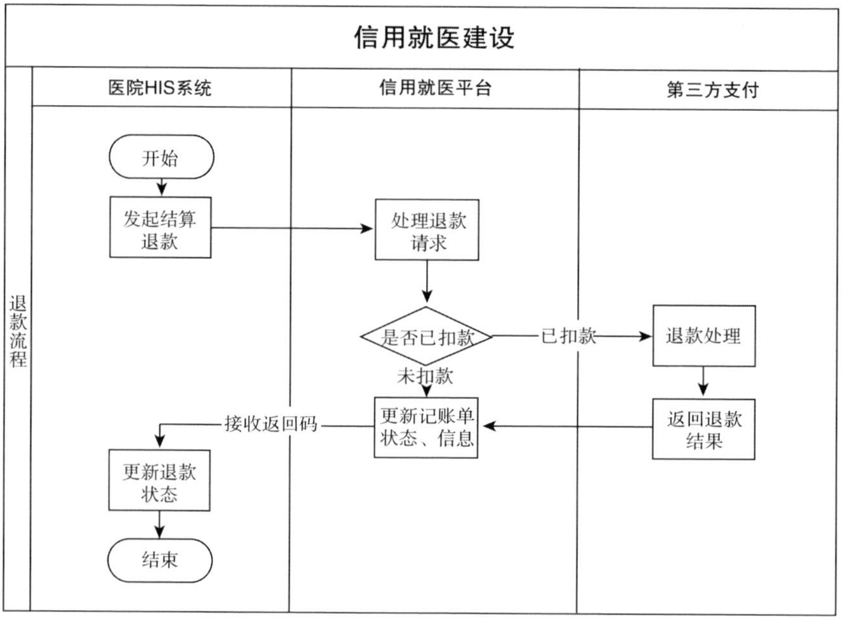

图 3-7　信用就医退款流程

（6）信用就医清算

如图 3-8 所示为信用就医清算流程，信用就医平台将定时发起资金清算，通过预先设置的清算指令，对清算数据进行封装，然后提交给清算平台。清算平台接收文件后，调用银行清算服务接口，进行资金清算处理。清算平台异步，再次调用银行清算结果接口发起清算结果查询。查询到清算结果后，更新清算平台对应清算数据，同步更新信用就医平台的清算报表数据，完成资金清算及报表核销。

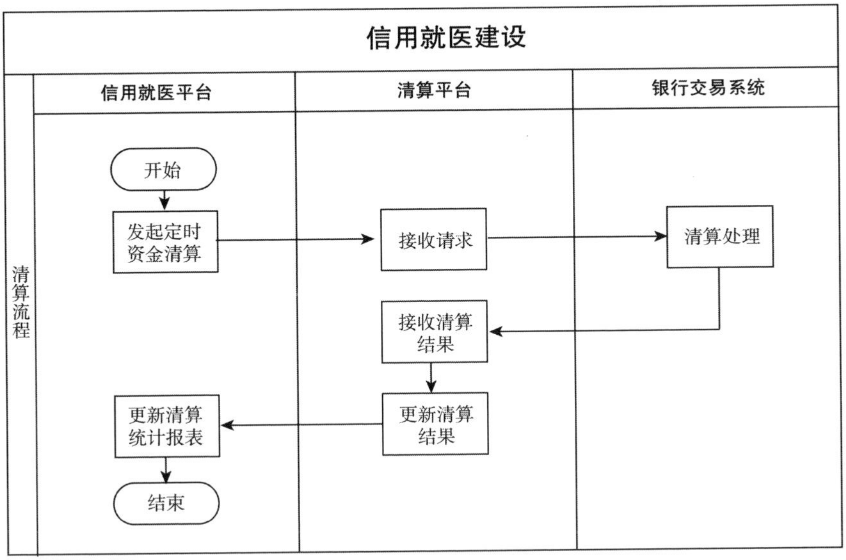

图 3-8　信用就医清算流程

五、创新亮点

1. 技术创新

（1）基于面向服务的架构设计

项目系统软件架构采用面向服务的软件架构 SOA（Service-Oriented Architecture），将流程逻辑与业务逻辑相分离。业务逻辑作为服务提供方，流程逻辑将这些服务连接在一起，可以基于各种服务接口实现服务器端聚合和客户端聚合，从而在一个开放的、灵活的、可扩展的架构上，增强系统的服务能力，确保软件系统的可持续发展，对变化能做出最快的响应。

（2）基于人工智能的患者人群精准分析

应用大数据和人工智能方法，对城市个人信用“白鹭分”和患者的就诊信息进行分析挖掘，针对不同的人群制定智能的授信额度和奖罚策略，充分发挥信用就医的优势。

2. 就医模式创新

白鹭分信用就医服务平台采用“先看病后付费”的就医模式，与厦门个人城市信用“白鹭分”衔接，患者可在诊前线上申领信用就医额度，就诊时无须缴费即可直接就诊，并在诊中自动完成医保结算。涉及自付部分的先扣预交余额，不足部分由患者信用就医额度进行扣减，同时由白鹭分平台垫付给医院。离院后通过白鹭分公众号进行还款及额度恢复。采用此种模式减少了患者在医院内部来回跑的次数，从而大幅度缩短整个就医时间，提升患者的就医体验。

六、建设成效

白鹭分信用就医创新就医服务模式，打造良好的就医体验，提升医疗服务水平，同时深化信用场景应用，加快社会信用体系建设，对患者、医院，乃至社会具有积极的意义。

1. 创新医疗健康服务模式，保障“健康中国”战略顺利实施

“健康中国 2030”对信息化在医疗健康领域的应用提出了明确的要求，着重指出要“推动健康科技创新，建设健康信息化服务体系”。信用就医打造的“先诊疗、后付费”服务模式，正是在“健康中国”战略要求下应运而生，深度融合信用体系、医疗健康服务、支付等内容，以信息技术作为关键连接点，构建医疗健康服务体系，创新医疗服务新形态、努力提升医疗服务质量与水平、提高居民就医获得感与满足感，从而保障“健康中国”战略的顺利实施。

2. 健全“互联网+医疗健康”体系，助力智慧城市建设

智慧城市建设指的是以各行业领域的智慧应用为抓手，实现城市管理各方面的海量数据采集、清洗、分析、利用。智慧健康以“互联网+”、大数据等为基础，在智慧城市建设中扮演重要角色，是不可或缺的应用之一。信用就医基于患者信用大数据，结合“互联网+”技术，为患者提供“互联网+大数据”便民应用，不仅有利于推动“互联网+医疗健康”体系建立健全，也能助力厦门打造智慧城市示范区。

3. 营造诚实守信社会风尚

信用就医为诚实守信的患者提供全方位便捷就医服务，有利于构建政府、社会共同参与的守信联合激励机制，营造优良社会信用环境。加大对诚实守信主体的激励，营造守信受益、信用有价的浓厚氛围，有利于形成褒扬诚信的长效机制和良好风尚，提升公众对信用建设的获得感，促进诚实守信的社会环境的形成。

4. 优化就诊流程，提升医疗服务质量

信用就医实现了对就医流程的再造，优化患者就诊体验，减少患者与医院的前置交易环节，提高了就诊效率，让患者更便捷地享有医疗服务。按照传统就医的惯例，排队缴费需 25—35 分钟，而白鹭分信用就医可以节省就诊过程中的排队缴费及支付时间，减少患者排队及滞留现象，也能提高医院服务效率，提升医疗服务质量与水平。

5. 有利于构建和谐互信的医患关系

信用就医的应用，不仅体现了医疗服务机构救死扶伤、生命优先的基本价值，而且通过流程再造，提高医疗服务效率、减少患者看病付费流程，在便利患者就医结算的同时，也能构建和谐互信的医患关系。

6. 降低政府部门管理与服务成本

结合了市民信用分——“白鹭分”的信用就医，提供了医疗便捷支付渠道。通过梳理优化支付业务，减少了管理费用和资源，有效地促进了资源合理分配，提高了医疗支付服务的效率和效能，从而降低行政、商业与生活成本。

7. 大大提升支付便捷性

信用就医模式采用“先看病后付费”的就医模式，简化缴费流程，提高就诊效率。市民可以在各医疗机构先看病，待就诊结束后在约定时间内一次性结算付清款项，最大限度地利用现有的信息化建设成果，最大限度地提升支付便捷性。

第二节　区块链与科研诚信建设的融合创新

科研诚信是科技创新的基石，是实施创新驱动发展战略、实现建设世界科技强国目标的重要基础。党中央、国务院一直高度重视科研诚信建设工作，积极营造良好学术环境，在全社会营造鼓励创新、宽容失败的氛围。党的十八大以来，党中央、国务院印发了《关于进一步加强科研诚信建设的若干意见》等一系列文件，明确了科研诚信建设的具体方向和任务目标，突出了科研诚信建设的重要性和必要性。信用教育数据应用是基于区块链技术下的科研诚信应用场景，解决了科研信用评价数据来源单一、评价模型不健全、评价数据难以共享等问题，创新了教职工信用档案和信用评级体系，推进了科研信用监管机制建设，为打造科研信用体系提供了一条可选的实施路径。

一、需求分析

2018 年中共中央、国务院印发的《关于全面深化新时代教师队伍建设改革的意见》，针对教师队伍建设提出五项改革措施：加强师德师风、振兴教师教育、深化综合改革、提高地位待遇和确保政策落地。当前我国教师队伍建设中主要存在以下问题。

一是中国教师总量基数大，部分教师道德、学术、科研程度水平参差不齐。当前对教师的评价信息来源单一狭隘，评价内容过于重视论文、学历、资历、学生成绩等，一些教师为了考核评价、岗位晋升等，弄虚作假、学术不端，违背了教师队伍的建设理念。

二是幼儿园、中小学、高校教师的地位待遇有所差别，有些教师迫于生活压力，存在利用职务之便做出有违职业道德的行为，谋取利益。

三是学校当前普遍已有的教师信息管理系统，主要是帮助学校对教师进行教务管理、信息登记，为教师提供校园服务。在教师评价功能上，偏向于对教师在职信息的收集，信息主要由教师自行提供，由专门人员进行审核、认定，评价过程存在“人情”空间。

四是在教师教育、科研领域信用建设上，各地尚未建立信用信息系统或应用程度不够深，导致在“放管服”改革推进中，未能充分开展教育领域信用数据的融合应用，场景不够丰富。

通过构建基于联盟链的教职工信用档案共享平台，打通贯穿教师生涯的教育教学工作、学术科研及社会领域的相关数据。各学校对教职工信用档案管理权独立自主，信用档案又能根据权限授权跨学校、跨行业、跨区域共享，便于相应的教育监管部门查阅学校教师的信用档案。总体来说，平台具有以下需求优势。

一是平台满足教育信用体系建设中，学校对教师个体遵守职业道德规范、遵守学校管理规定、遵守社会公德、履行职业信用承诺等方面的记录需求。

二是利用区块链技术对平台的访问行为、访问日志、信用数据进行存证。从而提升数据的真实性、增强数据安全性，全过程透明可监督，保证出错时的有效追责。

三是对于教师群体，基于联盟链的教职工信用档案共享平台的搭建，能够有效破解原有的“唯论文、唯学历、唯资历”的固有倾向。将教师信用档案与教育部门、学校开展考核、科研、奖励、人才培养等工作有机衔接，正向激励教师加强诚信与师德师风建设。

四是设立守信激励名单，为信用等级高的教职工在学术、科研、生活、经济等方面提供优惠便捷服务，解决教师切实需求。

二、场景概要

信用教育数据是针对教师诚信与师德师风建立的一种基于区块链的教

师信用科研服务场景。利用区块链具有去中心化、不可篡改、可信机制、集体维护、可靠数据库的特点，对教师在教育教学工作、学术科研及社会领域的行为数据和评价数据进行采集、记录，构建健全可信的教职工信用档案共享平台。满足国务院对教育系统社会信用体系建设的部署，为教职工信用信息记录、归集、处理和应用提供真实、准确的平台。从多场景、多维度的海量数据的处理、挖掘、分析入手，还原教师个人行为特征、“风险画像”和信用水平，供政府部门、学校、学生、机构参考和应用。根据教师个人信用级别进行激励和惩戒，有助于引导教师加强自身修养，推进教育系统信用体系建设。

三、技术架构

1. 系统架构

基于联盟链的教职工信用档案共享平台系统架构，主要由基础层、核心服务层、应用层、安全体系防护层及运行维护体系五部分组成。

基础层：为核心服务层提供区块链能力、大数据计算能力、存储资源。

核心服务层：通过 API/RPC 的接口为上层应用提供核心数据服务能力。

应用层：提供教师信用档案、信用名片、信用查询、信用+服务等应用服务。

如图 3-9 所示，教育联盟链由学校、政府、数据机构和其他机构（如教育、科研、商业领域）共同组成。利用区块链技术，将校园信息门户、教育评审平台等采集的教师信用行为数据上传到联盟链并做全网广播。通过加盖时间戳进行节点验证，保证数据可追溯、可追责。定时抽取教师信用档案数据通过 NAT 网关传输到信用大数据创新中心外联区，经审核后进入内网导入风控评估系统，结合国家信用大数据进行分析、建模与验证，最终输出风控结果。

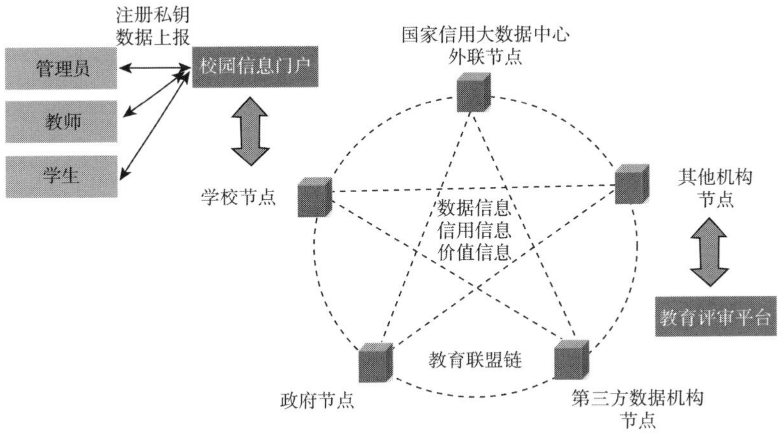

图 3-9　区块链组网

2. 教师信用评级模型

教师信用评级模型建模流程如图 3-10 所示：

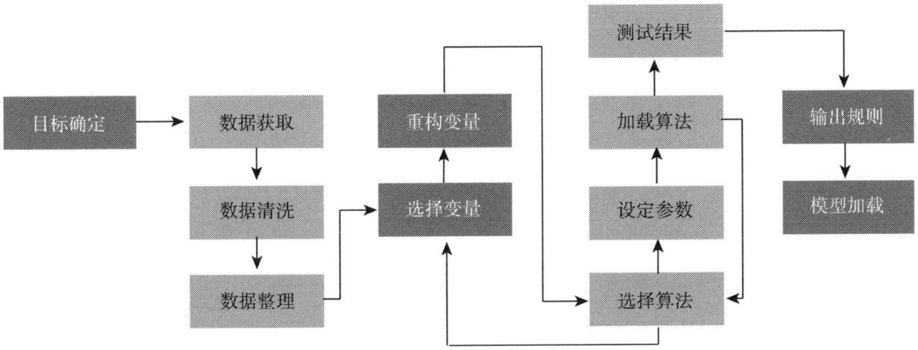

图 3-10　建模流程

（1）数据获取

根据信用评价规则及模型服务的产品需求，获取相应的数据。数据主要来源于平台自身数据、教育领域平台数据和第三方服务机构。数据项如表 3-1 所示：

表 3-1 教师信用数据（规划）

数据类型	数据类别	具体内容
传统数据	身份信息	年龄、性别、婚姻状况、文化程度、教育背景、住房状况、现住址、居住时间、户籍
	职业情况	工龄、单位性质、在职年限、职务、职称、年收入
	银行交易记录	账户情况、存款情况、贷款历史（房贷、车贷、信用卡贷款）、持有信用卡情况、还款记录
	刷卡消费记录	信用卡消费记录、分期付款情况、借记卡消费记录
公共领域信用大数据	政务数据	公安大数据、银联大数据、移动大数据、联通大数据、电信大数据、铁路大数据、航旅大数据、高速路大数据、车辆大数据、工商大数据、司法大数据、税务大数据、监证大数据、海关大数据等
教育学术科研信用数据	论文评审	论文送审信息、履约情况、学生评价
	教职工信用档案	职业道德、社会公德、规范教学行为、家庭美德、业务奖励、综合奖励
	学术科研成果	专利、论文和期刊，数量、质量、争议等情况
	项目承接	项目级别、状态、进度、完成情况
	慕课/宣讲等	授课/演讲情况及相应反馈
	创新创业	担任企业顾问成效、创业经营情况

资料来源：张晶．大数据时代个人信用评分的新趋势［J］．征信，2017（12）.

（2）数据清洗

即清洗掉数据库中的无效信息。

（3）数据整理

为整理后的数据打上标签，如学术水平、科研能力、行为类型、诚信状况、消费能力、消费水平、履约能力、履约意愿、社交关系、经营能力等，进行二次数据清洗。以学生遴选导师为用户视角为例，输出数据项：信用评级分数、国家项目数量、发布论文数量及其期刊影响力、科研领域、带研究生数量、研究生评价等。

（4）选择变量、算法，加载测试

根据模型服务的产品导向需求，选择变量和算法。以金融产品需求为例，初步选择变量为经济状况、履约意愿、工龄、职称、教职工信用档案分等。在信贷领域可以采用 vintage、Roll Rate Analysis 等进行计算。

（5）输出规则

将风控模型的规则写进链码，区块链底层内置的智能合约自动完成建模，输出动态风控报告和信用评级，提升了风控的客观性和准确性。

四、主要内容

通过区块链技术整合多场景、多维度的数据，构建教师信用画像，为教师信用评级、分析和信用服务提供真实、可信的数据支撑，为学校（教师、学生、管理员）、政府（监管部门、教育部门）、服务机构（教育评审服务机构、金融机构）打造教师信用共享与应用平台，平台功能架构如图 3-11 所示。

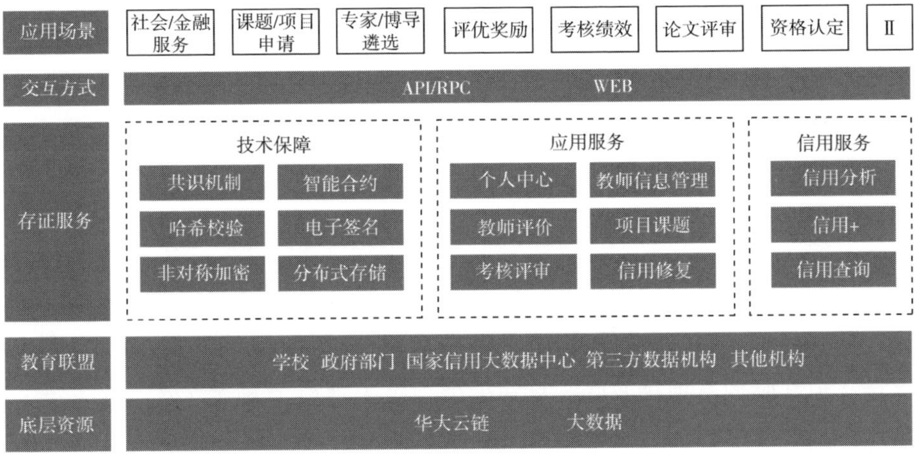

图 3-11　功能架构

1. 个人中心

账号管理：对登录账号进行管理，绑定邮箱、手机号、实名认证等。

认证信息：进行企业认证和个人认证。

安全配套：包括权限管理、子账号管理、签章管理、操作日志。

2. 教师信息管理

由教师自行填报个人信息，教师有义务保证提交信息的真实性，并对其负责。数据一旦上链后不可篡改，利用智能合约与接入的第三方数据进行交叉比对进行真实性确认，如有虚假信息将影响教师信用分，从而规避人为有意谎报信息。

信用承诺书：签署提交信用承诺书。

信息登记：个人基本信息。

奖项登记：由教师登记获得的奖项（国家级/省级/地市级/县市级）个数与级别。

学术科研：专利、论文和期刊的数量。

综合奖励信息：年度考核等次、获得荣誉称号（校级/县市级/地市级/省级/国家级）等。

3. 教师评价

校方评分：由校方从教职工的职业道德、社会公德、规范教学行为、家庭美德、业务奖励、综合奖励等维度进行打分。

学生评分：由学生对教师的教学情况、师德师风进行评价。

4. 信易+服务

对接服务行业，对信用等级高的教师优先、优惠提供服务，例如：

信易批：教育部门组织开展课题申请、财政补贴发放、职称评审、评先评优、名师培养、教师资格定期注册等工作，学校开展师德考核、绩效考核、岗位聘用、评优奖励、名师培养、学术课题安排等工作，给予支持和优先便利。

信易租：为有创业需求的教师优先提供办公场所。

信易贷：提供纯信用贷款，给予贷款利率优惠。

信易骑：骑行免押金、骑行计费折扣、乘车优惠等。

信易游：享受风景区门票优惠。

信易医：享受先诊疗后付费。

信易购：购物优惠、折扣等。

5. 信息公示

包括红黑名单信息、信用排行、奖惩情况公示等。

6. 信用查询

服务机构可以输入教师名字进行信用等级查询，如需获取详细信用档案需要申请权限，由教师本人同意。教师可以生成个人信用码，向他人出示。

7. 应用场景

以博导遴选场景为例，如图 3-12 所示，学校结合教师信用档案对博导进行准入筛选，经评审后形成导师名单，学生可结合教师信用报告和匹配分析数据，了解教师学术科研能力、师德师风情况等，进而选择合适的导师。

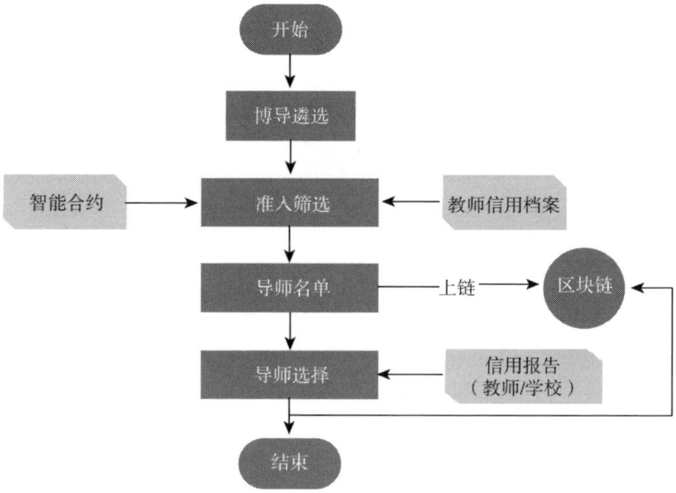

图 3-12　博导遴选场景应用流程

以论文盲审场景为例，如图 3-13 所示，借助风控报告和信用档案，对由教师组成的专家池进行准入筛选，随机发起盲审邀请。专家接受邀请完成评审后，首先，根据专家的专业领域、学术地位和信用情况，利用智能合约对其出具的评审报告进行价值评分，确认报告的权值比重，并将评审报告结果上链；其次，通过智能合约对专家评审的履约情况进行评级，信用评级结果记入教师信用档案中。

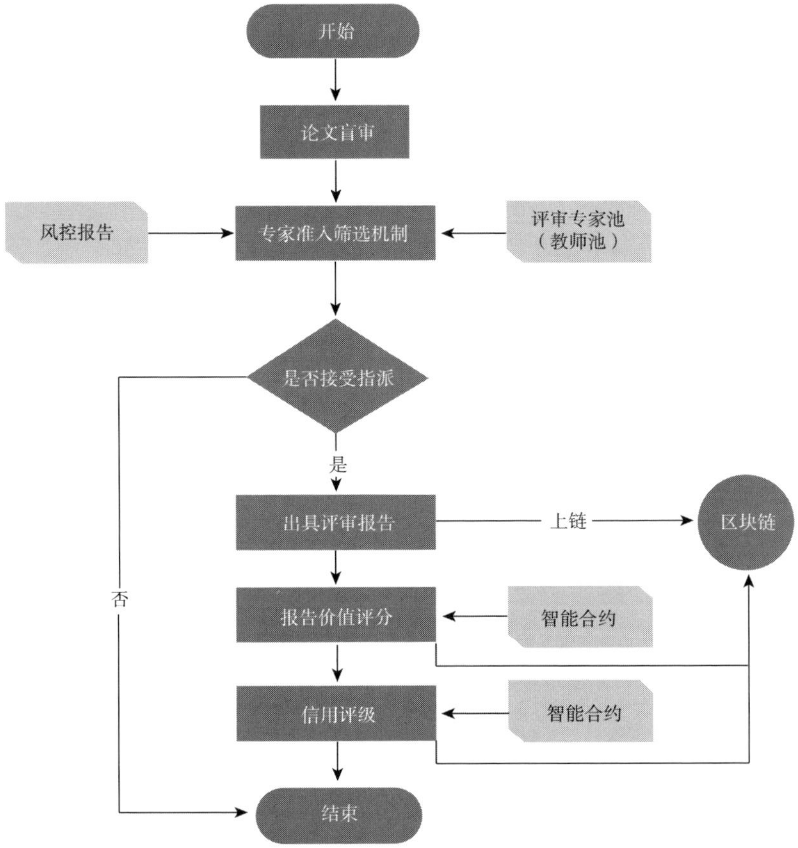

图 3-13　论文盲审场景应用流程

五、创新亮点

教职工信用档案共享平台利用区块链技术提升了数据的真实性、增强了数据安全性，全过程透明可监督，保证出错时的有效追责。

一是基于教师信用档案模型创新。模型面向教育系统领域中教师学术剽窃、论文造假、违反教学制度、不良贷款等现象，结合教师信息管理、教育论文评审和公共信用信息等多方数据进行交叉验证，避免主观信息上链。将教育教学工作信息、学术科研、金融等信息上链固化，通过智能合约处理动态行为和事件存储的静态行为，形成行为模型。将传统无法关联的事态进行快速上链和信用分析，对于推进科研领域信用体系的建设具有重要意义。

二是利用区块链技术搭建教育联盟，建立教师信用评级体系，提供动态的可视化信用画像，让守信者获益、失信者受限，通过信用价值“变现”鼓励教师加强诚信建设与师德建设，进而推进教育系统信用体系建设。

六、社会效益

平台有效促进了公共信用信息与教育学术科研信息的共享融合。创建教师的动态“红黑名单”“信用评级”和“信用报告”并应用于不同场景，推广使用教师信用档案，将教师诚信建设、师德建设和信用服务结合起来，培养教师的诚实守信意识。用信息化推动教育诚信建设，积极营造“守信者一路畅通，失信者处处受限”的公平公正良好氛围，为全面实施素质教育创造良好的环境氛围。

第三节　以信用为基础构建应急保障储备社会化体系

一个国家的应急保障能力不仅取决于其资源禀赋和经济实力，更取决于其社会资源的组织和动员能力。传统的应急保障储备模式在应对大型突发自然灾害时往往会表现出供需关系错位的现象，需要通过建设社会化的现代应急储备制度，实现应急保障储备制度的创新，为此，应急保障储备社会化信用信息共享平台应运而生。

一、需求分析

尽管传统的应急保障储备模式在应对一般灾害时还能维持较为稳定的供需关系，但在更大范围内的灾难面前，供需二者出现的不匹配现象十分明显，尤其是2020年初全球范围暴发的疫情暴露了许多国家采取的传统应急保障措施的能力不足。

应急保障储备社会化体系的建立将有助于应急管理体制更加充分地利用社会经济存量资源并分享中国国民经济高速增长的成果；有助于提高应急物资采购的质量和效率，减轻国家财政负担，实现资源的优化配置；有助于降低公共资金支出水平，极大提高公共采购效率，动员全社会的力量和资源服务用以事发应对、事中处置和事后恢复；有助于推动我国应急领域信用生态环境建设，充分发挥平台的征信功能，能够即时向社会提供各类商事主体的信用状态、公共信用记录，对提升信用交易水平和交易效率具有重要的意义，能为构建应急产业市场主体供应链的信任机制奠定基础。

二、场景概要

应急保障储备社会化信用信息共享平台是通过信用机制建立起来的储备社会化的运营体系，是适应现代应急储备制度发展趋势的一项制度创新。平台充分利用国内已经建立的社会征信系统，对全社会具备一定的履约能力及履约意愿的厂商进行科学评价，并列入应急保障储备体系。通过信用风险量化分析、大数据和人工智能技术对供给资源的状态、类别、质量、分布进行分析，实时向各级、各类应急采购机构、各类企业提供特定地区、特定产品的供给质量和供给能力信息，以及提供时间与效率、成本与功能的最佳组合或配置的信息。推动解决应急保障实物储备向能力储备的机制转化及社会存量资源向应急保障资源的机制转化的问题，将进一步提升突发事件发生时政府的动员能力和快速反应能力，能够保障国家的应急供应更加合理和安全。

平台通过梳理、整合、分析各项数据以及各项数据反映的经济特征，以逻辑、关联等方式重新构建和完善数据结构，通过层次分析法、网络分析法，构建产业信用风险预警模型、行业发展景气模型、行业运营稳定性判别模型，综合评估应急储备资源规模的安全性、布局的合理性、应急产业发展的可持续性，具有产业地图、资源监测、行业监测、行业分析等功能，能够及时发布预警，提高我国应急保障的应变能力。

三、主要内容

1. 平台主要功能

平台主要功能包括应急采购、产业地图、主体监测、资源监测、行业监测、行业分析、风险监测等多个方面。

(1) 应急采购

平台基于现代信息技术和征信体系，提供发布应急物资供给信息、发布应急物资采购信息等服务。此外，通过产品寻源，可快速寻找本地区应急采购供应商名录等信息，通过特定条件客户优选，选择更优质的供应商，根据需求到“物资行”中选择所需物资。

1) 产品寻源

根据采购人位置和产品名称，快速寻找本地区提供紧急采购的供应商名录、产品许可、产品规格、技术参数、物流条件、供给能力等信息。产品寻源为各级各类应急采购单位提供的货物、服务等产品库，能够快速帮助有需求的客户找到相应的供应商，节约采购时间，同时大幅降低采购成本。根据应急平台数据库目录构建产品库，通过用户设定的所需产品或服务等关键词，系统会自动显示提供该产品或服务的预选供应商和合格供应商。

2) 客户优选

平台对本地区供给同类应急物资的资源根据企业规模、竞争力、创新能力、售后服务、公共信用记录等12个指标选择最优秀的供应商。在应急条件下能够快速响应和提供优质的产品和服务是对供应商的基本要求，这决定了供应商必须具备良好的履约意愿与充分的履约能力，平台不仅提供了经独立第三方信用评估合格的供应商，而且还提供了这些合格供应商过往参与的采购记录，方便采购单位优选。

3）物资行

“物资行”集中展示了应急物资情况，可全面满足客户多方面的采购需求。

（2）产业地图

应急保障产业地图俯瞰全国36个行业，绘制1700余类应急保障物资供给资源分布。客户不仅可以全面查看本地区企业总数、预选供应商数、合格供应商数以及经营异常企业数，还可以进入“企业空间”更深入查阅本地区所有预选供应商和合格供应商情况。

1）合格供应商分析

一方面，通过所选取的供应商特定指标与行业标准值指标在时间序列上变化的差异性比较，全面反映供应商经营的成长性及稳定性。另一方面，通过潜力指数模型，多维度对本企业净资产规模的波动情况、主营业务的增长水平情况、负债总额与负债结构变化情况及可支配收益增长情况等指标进行分析，全面反映供应商发展速度、发展质量是否具备可持续性、是否充分利用企业内外部资源。

2）年度供给能力变化趋势

以主体位置为定位，物资数量为标志，主体名称和储备量为标尺，用柱状趋势图和热力图全面反映合格供应商供给能力。

3）本区域发展、状态、分布、产能、风险分析报告

相关管理和政府部门可通过这些分析报告洞悉区域分布状况，确定重点管理区域和企业，实现精准有效监管。

(3) 主体监测

主体监测功能着眼于主体信用记录、基本信息、股东结构、市场表现、基本舆情等信息，对本地区涉及应急保障物资供给资源的企业进行监测。深入分析本区域企业数量、新增企业数量，通过将本区域与本省或全国进行对比，多层次展示合格供应商供给能力、产能及储备量。在实际操作上，可点击供应商企业名称进入企业空间，全面查看供应商状况。通过主体监测，可全面掌握应急保障物资供给资源的企业综合状况，提升物资采购效率。

(4) 资源监测

资源监测覆盖企业的征信数据、平台积累的产品数据等，平台不仅可以显示区域内某一特定行业主体数目、创新能力、区域供给能力，还可以显示全行业的主体数目及供给能力，应急物资供给资源分布尽收眼底。政府机关单位可以总瞰本地区商事主体数量、合格供应商数量、A 级纳税人在供应商比重等信息。首先，通过将本地企业指标与本省乃至全国指标进行分类对比分析，实现对本地区应急保障物资供给资源分布与趋势变化实时监测。其次，通过数据雷达全面展示供给骤减警示产品 Top5 以及骤减所占百分比，对合格供应商产能变化实时监测预警，对物资供给能力不足的产品做出警示，提示补全稀缺资源缺口。

(5) 行业监测

根据在应急特殊情形下对风险监测工作的新形势和新要求，平台汇总评估各类风险后逐一映射到所在区域，按风险大小以不同颜色标注，绘制出风险监测行业和区域分布图，全面摸清辖区各类风险底数，打造风险实时监测预警，确定风险处置的路线图和优先序列，全景动态展示行业风险图谱，全程监测预警。

通过大数据分析，全面监测行业内主体总数、就业人数、不同区域的分布、产品产量、固定资产投资、技术创新、产品销售与库存等变化率及变化趋势，着重分析应急保障物资交易量与应急保障物资社会存量之间的关系，服务应急采购，全面展现行业区域供给能力、全行业区域供给能力、区域创新能力等。不仅如此，“数据透视”功能从多数据维度、多区域进行大数据分析，全面展示本市各区、各行业运营概况，以及本地区企业规模、竞争力、创新能力、公共信用记录等信息。

（6）行业分析

行业分析着眼于本地区宏观经济、行业经济、行业绩效、公共企业等数据，以资产及负债、收入成本与利润、流动资产及负债等相关指标为基础，通过对地区涉及应急保障物资供给资源行业中特定行业的运营、稳定、效率、信用风险进行分析和监测，引用产业发展指数、产业潜力指数、产业稳定指数、产业风险指数，以年度变化趋势为横轴、国内同业同比分析为纵轴展示行业状况，对特定行业进行深入剖析，全面分析其资产质量，判断行业是否具备可持续获利能力、是否具有充分的财务弹性以及资本配置的合理性，尽可能完整反映本行业资产增长趋势，资产流动性变化趋势以及资产创利能力。

（7）风险监测

风险监测模块除了覆盖企业失信信息、信用红黑名单、产品失信信息，还提供以下三种产品服务。

1）信用投诉平台

提供对各类应急保障供应商、采购人的投诉专区，接受社会公众的监督。投诉事项对接相关管理机构并将处理意见通过平台公示。

2）公众点评

设立对各类应急保障供应商的公众点评专区，实名用户可分别对供应商主体以及供给产品的信用状况、质量、售后服务提出点评。

3）失信预警

建有失信被执行人投诉及点评情况、重大失信变化、本地区本月较上月新增或减少失信数量、全年累计失信数量等。

2. 平台配套服务

（1）完善制度性标准顶层设计

在我国应急物资分类管理的现状下，各有关单位对于物资管理的目标、任务各不相同，不同层级的各类物资的储备品种和数量、储备方式等，缺乏统一标准，布局存在不合理性。传统的应急保障物资管理制度容易在不同领域、不同地区的物资储备、库点布局、能力建设等方面造成过剩和不足并存的问题，而平台建设可以协助省市建设应急管理标准规范体系，完善应急物资管理体系。

（2）更快速匹配优质供应商

对商事主体进行符合性认证和履约能力综合评价，全面揭示受评企业的信用风险和市场风险，反映供应商持续性供给能力、信用状况、信用能力、社会责任等。在灾害发生时，应急地图加上信用评价帮助客户能够快速匹配优质供应商，大幅提升采购及复工复产效率。

（3）合格供应商评价——实现更“稳”匹配

通过引用国家标准《合格供应商信用评价规范》，对商事主体进行合格供应商信用评价。与一般主体信用评价不同的是，合格供应商信用评价不仅揭示受评商事主体的偿付能力，也同时研究并揭示受评主体的长期信用状况和可持续性供给能力，帮助采购人更深入了解供应商分布、供应商偿付能力、供应商长期信用状况和可持续供给能力，全面助力应急采购，降低信用风险。对于跨地区应急采购，全国应急地图配上合格供应商评价犹如鸟之两翼、车之双轮，进一步提升物资采购效率。

（4）全国应急地图——完善政府统计监测体系

平台不仅可以提供省区市应急地图，还可以提供全国应急地图。地图包含年度应急产业（所涉及的 38 个行业）、所在区域（省、区、市）发展、状态、分布、产能、风险分析报告。通过利用海量企业数据源进行信息线索挖掘，构建应急保障常备供应商供给能力数据仓，再通过数据库向数据链延伸，有助于建立紧急状态下全方位供给资源配置方案。

一方面“虚拟仓库”能够多层次展示合格供应商主体数、供给能力、产能及储备量，全面查看供应商状况。另外，还可显示供给优势和疲软前10家企业。另一方面“数据透视”全面展示了各区、各行业运营概况，包括行业经济稳定指数、行业经济增长指数、行业运营效率指数、行业经济发展指数库等。

（5）授信决策支持——实现更“准”链接

如何在灾害频发情形下，确保“六稳六保”精准着陆，是政府必须要面对的考题。平台通过对历史交易数据的变化趋势分析，结合不同信用主体信用状况、在供应链中的重要性水平，建立模型体系，合理、精确确定授信额度、补贴额度，实现信用风险的准确计量和控制，对相关企业进行授信、补贴管理，有效提升“六稳六保”效率。

（6）协助信用监督

平台后台企业历经十年淬炼构建起贯穿宏观经济—行业数据—企业主体的信用信息采集体系，具有数据维度广、深度全、时效性高的优点，可以助力各级政府全面监督应急区域内商事主体信用状况及信用风险，是各级政府高效信用监督的好帮手。

（7）协助产业管理

根据《国务院办公厅关于加快发展应急产业的意见》《应急产业重点产品和服务指导目录（2015）》《应急产业培育与发展行动计划（2017—2019年）》等政策文件指示，协助政府建立百强省级应急产业重点企业目录。通过构建应急产业市场主体供应链的信任机制，打通宏观、中观、微观三个层面，基于产业、行业、区域、时间多个维度，帮助政府有关部门实时了解应急区域经济和产业运行状态，重点规模以上企业和中小企业的运行情况，有效解决政府部门统计数据的现有局限性，通过综合评价分析、主题挖掘分析以及无关联洞察分析，协助政府培育龙头企业、专精特新和科技型中小企业。培育居安思危思想，在灾害前对应急产业进行规划，实现高效管理。

（8）实现全面监管

平台通过提供以下服务，助力政府对商事主体更全面监管。

1）应急保障储备社会化数据库

包括涉及应急保障储备社会化的企业法人在内的主体信用数据库，内置质量（安全）信用数据在内的各类应急供给资源库，以及满足应急管理需要的（包含对市场主体和应急保障资源信用监测、舆情监测、价格监测、交易行为监测等内容的）动态数据库，应急保障物资产品数据库，应急保障领域行业数据库，全行业特征变量数据库等。

2）数据接口

包含与政府信用信息中心、应急采购机构、市场监督机构以及第三方的数据接口。

3）信用信息交换系统

包含应急保障储备社会化参与主体信用信息登记系统、与社会各类信用信息的交换系统、不同地区和不同行业信用信息交换系统、应急保障领域主体信用监测系统和应急管理领域信用信息应用系统。

四、预期社会效益

应急保障储备社会化的基础，是在一种信用关系基础上建立的社会资源便捷、有序、通畅地转换为应急保障资源的社会动员机制，即一种可约束、可计量并遵循市场规律的信用关系。构建以信用关系为核心的应急保障维护体系、以能力储备为主要内容的应急保障储备体系将会积极推动应急保障物资从实物储备向能力储备的机制转换，推动国民经济的存量资源向应急保障资源的机制转换。此外，构建以大数据为技术支撑的应急保障运营体系，将充分引用我国过去几年建立起来的征信体系和信用信息资源，利用大数据、人工智能等现代 IT 技术，构建布局合理、配置优化的应急保障储备社会化体系。

第四节 “信易+”让信用深入生活

随着信用大数据技术在社会信用体系建设中的应用，信用大数据的开放和共享逐渐成为有效解决市民生活服务、企业生产经营和民生建设中所面临痛点难点的有效措施，榆林市通过开发“信用榆林”App，以城市信用大数据为驱动、以市民生活服务为场景，基于信用对公共资源和生产要素进行分配，提出了整体性的解决方案，让诚实守信的社会主体在信用经济推进过程中切实拥有获得感，实现了对城市信用大数据采集、处理、分析和应用等关键环节的全覆盖，实现信用惠民便企服务，为推动榆林市建立良好信用氛围起到关键引领作用。

一、需求分析

当前信用 App 多数为行业业务+信用的方式，以综合服务类为主，而专业信用 App 产品较少，而且多数为查询展示类的资讯类 App，或者是简单信用分读取式，无法实现信用及时变现。

榆林市以综合资讯为基础，提出生活服务类应用 App 项目建设，以信用服务为核心，增加市民的信用体验感和获得感，降低政府痕迹，打造真正意义上的生活服务类信用 App，有效解决市民只能查询自己信用分而不能把自己好的信用及时变现的难题，避免“信用榆林”App 成为又一款政府类僵尸 App，确保“信用榆林”App 具备自主生态发展能力，朝着良好的发展态势前行。

二、场景概要

当前，我国社会信用体系建设已经进入“依法提升、深耕细作”的高质量发展新阶段。为贯彻落实《陕西省加快推进社会信用体系建设构建以信用为基础的新型监管机制实施方案》《陕西省2020年社会信用体系建设工作要点》等文件精神，全面落实“放管服”改革，支撑优化营商环境、支撑实体经济发展，以规范信用制度建设、完善信用服务体系、推进信用监管改革，加强信用服务创新，切实维护社会公共利益和信用主体合法权益，全面提升榆林市社会信用工作成效，榆林市全面启动“信用榆林”App等信用基础建设，探索建立“市级信用监管系统”，支撑优化营商环境。

三、技术架构

“信用榆林”App以丰富的技术组件为基础，总体架构由基础设施层、信息资源层、应用支撑层、应用层、展现层、标准规范体系和安全保障体系等七个部分组成。

1. 基础设施层

基础设施平台是支撑整个系统运行的信息基础设施平台，包括云计算、云存储、网络、安全和运营中心等，实现资源灵活配置。

2. 信息资源层

信息资源平台作为本项目重要基础成果，通过公共信用信息共享平台为信用办提供了全面的、科学的、客观的数据支撑和分析指导，信息资源层主要包括政策信息库、生活信息库、用户信息库、企业信息库、用户行为库和专题分析库。

3. 应用支撑层

应用支撑平台是“平台化”机制开发的基础，包括监控平台、日志平台、缓存系统、消息队列平台、分布式框架服务、分布式网关服务、分布式注册中心服务、埋点系统、单点登录、负载均衡、API访问保护和数据加密等。提供基于组件化的应用框架，保证系统高效、低成本开发与扩展，设计平台无关性高，可移植性高；提供统一的身份认证和统一与分散相结合的授权机制，保证系统安全运行；提供多种适应变化性机制，适应系统大范围应用；统一用户操作风格、降低系统使用难度。

4. 应用层

应用层主要为市民、企业、信用办提供功能服务，包括移动客户端服务、企业“信易+后台管理”和信用办管理后台等系统。移动客户端服务通过一个 App 向百姓提供榆林信用服务，以“桃花分”为载体服务于市民的衣食住行场景，增强市民对信用城市的感知，融医院、公交、停车、景区、商户、农户、电影院等应用为一体。通过“信用榆林”App，即可享受到信用生活的福利，同时提供便利的生活服务应用，如手机充值、生活缴费、智能记账、电影票、榆林生活馆特产、高速 ETC 在线办理等，使用户足不出户便可享受生活的便捷。

5. 展示层

展示层是指通过互联网向各类用户以 App（IOS）、App（安卓）、电脑和大屏幕等展示方式提供服务。App（IOS）和 App（安卓）主要面向榆林市民提供服务；电脑端分别面向企业、信用办提供相关业务服务、管理和决策分析等功能。

6. 标准规范体系

标准规范体系贯穿于整个项目建设，将遵循国家电子政务标准和榆林市相关标准规范，重点研究制定总体标准规范、技术标准规范、业务标准规范、管理标准规范和运营标准规范，确保整个系统的成熟性、拓展性和适应性，规避系统建设的风险。

7. 安全保障体系

安全保障体系是本项目的重要组成部分，与标准规范的建设策略相类似。项目基于“榆林市政务云平台部署”，纳入了云平台统一安全体系中；业务系统信息安全建设贯穿项目建设的始终，并取得等保三级认证证书。

四、主要内容

“信用榆林”App设计功能结构包括客户端、信易+应用、信用新闻、企业信易+活动配置管理系统、信用统计系统、生活服务等多个功能，总体功能设计如图3-14所示。

1. 客户端

以榆林市社会信用服务平台目前归集的基础信用信息和建设的数据库为基础，通过数据融合和数据处理，完善社会主体信用档案，并通过“信用榆林”App客户端实现以下功能：

一是查询企业红黑名单；

二是查询行政许可和行政处罚公示信息；

三是查询企业法人和非企业法人信用报告信息；

四是通过“我要增信”功能，按照增信的类型和提供相关证明的增信渠道，把增信材料实时上传给社会信用服务平台审核，平台的审核处理通过后，能够在App中展示增信的结果；

五是通过“异议申诉”功能，按照申诉类型、申诉的主题内容和材料证明入口，把材料实时上传给社会信用服务平台审核，平台的审核处理通过后，在App中展示申诉的结果；

六是根据榆林市信用办提供的调查问卷，在App中完成调查问卷的测试，并记录测试结果等信息；

七是通过“信用地图”功能在地图中展示300家信用优质企业的位置与基本情况；

八是实现信用修复、信用承诺、信用学习等应用功能场景的拓展，在与社会信用服务平台实现信息共享的基础上，完成以上信用场景服务。

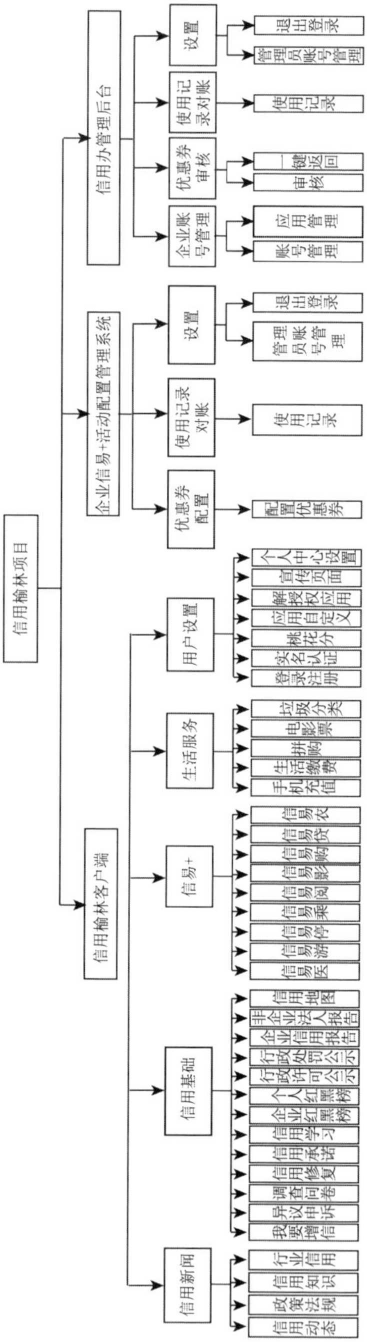

图 3-14 “信用榆林”App 总体功能设计图

2. 信易+应用

以企业、自然人信用评价为基础，利用信用评分结果，通过榆林市信用办制定的奖励措施，让信用良好的市民享受更好和更优的服务，发展创新“信易+”服务模式，充分应用接口服务，以电子信用身份证为核心，发展信易医、信易游、信易停、信易行、信易阅、信易影、信易购、信易农、信易贷、信易付等应用场景，对信用优秀的个人，将会在公共服务、医院诊疗、车辆年检、教育、就业、住房、养老、医保、社会救助、金融贷款、行政审批、评优评先、职称评定等方面给予优惠或优先安排。

（1）信易医

App 中能够实时展示榆林市第二人民医院门诊科室专家的排班情况；信用良好的市民还可以享受住院免押金和免费陪诊等服务。

（2）信易行

用户通过 App 乘坐公交车，信用分好的用户乘车能够享受一定的优惠，乘车系统的优惠结果需要导出到榆林市信用办后台系统，用于定期结算。

（3）信易停

信用良好的市民可以在 App 领取免费停车券，随时使用，还可以通过微信公众号扫码合并使用。

（4）其他应用

信易游、信易阅、信易影、信易购、信易农等应用场景，让信用良好的市民享受更好更优的服务，商户根据榆林市制定的守信激励措施，随时发布更多服务。在 App 对应场景中为用户提供相应的优惠券，并且在具体商户（对应场景分别为旅游景区、停车运营公司、图书馆、电影院等）完成核销后，使用优惠券，从而享受相应的优惠。App 中能展示优惠券使用的状态、商户、时间以及是否过期等信息。

3. 信用新闻

用户可以通过“信用榆林”App便捷查看各类信用新闻与信息，包括信用动态、政策法规、信用知识和行业信用四大类。

4. 企业信易+活动配置管理系统

为了增强用户对榆林市信用办信用体系建设的感知，根据榆林市信用办制定的信用奖励措施，为商户配置后台管理系统，通过该系统可以实现以下业务功能：

一是商户通过配置账号登录活动配置管理系统，根据榆林市信用办制定的信用奖励措施，为不同信用分的用户配置相应的优惠券，优惠券配置完成后实时同步到信用统计系统，通过榆林市信用办的审核后，优惠券正式生效，如未通过审核，企业能够通过活动配置系统看到审核不通过的原因，并经修改后重新提交审核。

二是可以完成优惠券的核销，并且实时展示优惠券的使用情况，包括优惠券的使用时间等信息。市民使用时，只要商户用移动端设备核销即可。

5. 信用统计系统

信用统计系统是榆林市信用办管理商户的系统，该系统可以为避免不合规现象的发生，对于信用场景的服务起到一定的监管作用。主要实现以下功能：

一是榆林市信用办通过账号密码登录信用统计系统后，可以管理商户账号，包括商户账号的创建、删除等，并且可以修改商户账号的密码。

二是商户在活动配置管理系统中配置的优惠券实时同步到信用统计系统，榆林市信用办可以通过该系统来进行审核，审核通过后，优惠券正式生效，用户登录App后能实时查看到生效的优惠券，审核不通过时，榆林市信用办需要注明审核不通过的原因，使优惠券不生效。

三是榆林市信用办可以通过信用统计系统撤回针对某个商户优惠券的发放，并且取消该活动的页面显示，已核销的优惠券数据必须保持不变。

针对每个商户每个活动优惠券的使用情况，可以实时统计查看，用于一段时间内的对账结算。

6. 生活服务

“信用榆林” App 作为惠民便企的一款服务软件，其目标定位是助力幸福榆林，以应用场景牵引、公众需求为宗旨，为市民的日常生活提供便利，实现在线缴纳榆林市电费、垃圾分类助手的在线查询、一键识别出垃圾的所属种类、在线购买榆林特产、在线领取高速 ETC 等便民服务。

五、创新亮点

1. 实现全方位惠民便企综合服务

“信用榆林” App 首创线上信易扫码，实现“信易扫一扫，信用即变现”，打造为“真正的交互式应用信用” App，建立信用 App+信用商户+诚信市民的良好生态圈，奠定“智慧信用”基础，最终走上信用服务商业化自主良性发展道路。“信用榆林” App 创新性地实现了以下功能：

一是诚信市民利用手机 App，扫码获得便利优惠，增加市民获得感。

二是为企业提供便捷福利发放工具，将信用激励发放平台与商户业务系统剥离。

三是稳定可靠的诚实市民成为企业的优质服务群体，刺激更多的商户加入“信用榆林” App 生态圈。

2. 创新信用服务模式

（1）借助互联网公司架构优势，满足未来五年运营和拓展的需求

“信用榆林” App 采用微服务的方式进行技术架构设计，包括分布式网关服务、分布式注册中心服务、分布式框架服务（JSF）、监控平台（SGM）、日志平台（Digger）、缓存系统（R2M）和消息队列平台（FMQ）。将各项应用功能分解到各个离散的服务中，实现对解决方案的解耦，利用标准接口，实现系统的稳定性、可复用性、可扩展性和良好的维护性，支持“信用榆林” App 现在以及未来 5 年内的业务发展需要，可随

时根据业务量的变化对应用部署进行纵向扩展，同时支持横行扩展节点来解决性能瓶颈。

（2）借助互联网公司平台优势，打造资源整合和交换的中央枢纽

“信用榆林”App向市民提供信用生活的服务场景，通过借助互联网公司大数据平台更加丰富的信用应用场景，结合第三方互联网企业，广泛纳入社会资源，扩大应用范围。

（3）借助互联网公司资源优势，赋能信用榆林服务能力

结合大数据和人工智能技术，增强信用评价能力，扩展信用服务边界。基于隐私保护的联合建模技术加强数据使用能力，降低政企合作门槛，丰富信用基础信息，丰富信用资讯动态。

（4）转变重建设轻运营思路，建立互联网+运营模式

“信用榆林”App通过转变过去以宣传为中心的运营思维，转变过去电子政务项目“重建设、轻运营”的思路，以互联网思维、产品思维、服务思维来运营App。运营的核心目的即让一个产品活得更好，活得更久。让产品活得更好是指通过各种推广、各种渠道让产品的装机量、活跃用户数、市场占有率等数据获得提升。让产品活得更久则是通过数据分析和用户信息反馈收集产品相关优化信息，从而进行产品功能的完善，从而获得更长的产品生命周期。

六、建设成效

“信用榆林”App自2020年1月1日正式上线试运营以来，截至2020年8月，注册用户量已逾5.5万人，累计访问量达到80多万，“信易+”优惠券最高领取率达到86.3%，最高使用率达到65%。

通过建设“信用榆林”App，借助移动应用固有的随身性、可鉴权、可身份识别特点，为公众提供信用资讯、信用服务、惠民便企、信用档案管理、信用信息查询维护等公共服务，打造精准的个性化服务。拓宽信用服务渠道，扩大信用宣传力度，提升信用体系建设影响力，惠民便企服务

便捷易用，信用档案动态维护，评价评分及时感知。顺应信息产业移动应用服务的发展潮流，通过“信用榆林”App公众可随时随地使用移动终端查看信用相关资讯、办理相关业务，为用户提供“多屏业务”无缝衔接服务。最终让越来越多的诚信市民获得“信用越好越便利”的信用红利，从而营造全社会“知信、守信、用信”的诚信氛围。

本章结语

本章开展公共服务的四个案例中，“白鹭分信用就医云平台”基于市民信用分提供预约、支付全流程线上服务，解决医院的“三长一短”痛点问题，显著改善市民就医体验；“教职工信用档案共享平台”基于区块链技术实现科研人员信用数据的安全归集和应用，构建教师个人行为特征模型和风险画像，可有效推动科研诚信建设；“应急保障储备社会化信用信息共享平台”则通过对行业发展水平、企业履约能力及履约意愿的评估，实现紧急状态下物资的安全、快速、准确采购；“信用榆林”App作为面向市民提供信用服务的总窗口，覆盖衣食住行各领域，实现“信用有感、信用有价”。信用大数据已在医疗服务、教育科研、应急保障、惠民服务等领域创新公共服务模式。

除以上四项具体案例外，近年来各地政府依托信用大数据，找准民生服务的堵点，“解码”公众的需求，不断提升公共服务的质效，为百姓生活带来了实实在在的便利，让老百姓有了切切实实的获得感。例如福州、杭州等城市已在多个公共服务领域落地实施大数据应用场景，包括公共交通打折优惠、政务服务提供全程免费代办、文化领域图书借阅免押金和增加借阅书籍量、医疗领域优先缴费或优先预约、旅游景区门票打折、公租房押金减半、体育领域校园健身免审核等。

习近平总书记曾指出，要运用大数据促进保障和改善民生，推进“互联网+教育”“互联网+医疗”“互联网+文化”等，让百姓少跑腿、数据多跑路，不断提升公共服务均等化、普惠化、便捷化水平。大数据联通民生领域的方方面面，每一秒都有海量的数据产生，如何深入挖掘并应用好这些数据，是政府提供更优质民生服务面临的重要课题。展望未来，公共服务领域信用大数据应用场景将呈现出“政府引导、市场化运营、区域协同、普惠民生”等新特征。一是由政府主导的模式向政府引导、市场化运营的方式转变。目前公共服务类信用大数据应用场景，如“信易阅”“信易行”“信易医”“信易批”等都是采用政府主导的模式，尚未形成市场化运作机制，其可持续发展的运作模式有待探讨。随着政府和市场主体合作机制的不断完善，通过打造包括政府部门、行业协会商会、信用服务机构、金融保险机构、诚信示范企业、大数据公司等在内的信用联盟，基于成员单位之间资源互通、优势互补、利益共享，有望共同推动公共服务类信用大数据应用场景的创新开发和落地实施。二是由单一区域应用向跨区域合作互认转变。由于各地市的信用评价以及分级分类标准不统一，导致应用场景的跨地域推广存在障碍。随着区域一体化进程加快，城市间公共服务类应用场景的互认互通将取得重大突破，例如长三角区域内部分城市间已经实现个人信用分互认以及重点场景无差别化应用。三是覆盖面由特惠制向普惠制转变。目前大部分地市开展的公共服务类信用大数据应用场景整体惠及面较低，诸如“信易行”“信易医”“信易游”“信易租”等场景一般都是针对特定对象，例如信用级别高于特定标准的主体或者特定行业、特定地区的守信主体；另有一些“信易+”项目也仅针对特定人群，如律师、教师、医师、志愿者等。随着政府公共服务能力的不断提升，以及全社会诚信意识的普遍提高，公共服务领域守信激励场景的惠及面必将进一步扩大。

第四章

企业服务

信用与企业的生产经营密不可分，加强信用大数据在企业服务中的应用，对于构建诚信和谐社会，保障企业生产经营正常运行，促进我国经济社会健康发展有着十分重要的意义。应用信用大数据，可为企业建立完整的信用画像，帮助企业做好自身信用管理，防范信用风险，也可帮助企业客观地了解竞争对手及合作伙伴的真实情况，有利于企业之间相互促进、相互合作。应用信用大数据建立从业人员信用档案，帮助企业开展员工雇前背景调查，有利于方便快捷准确地核实求职者或拟录用人员个人履历信息的真实性，稳定企业人才队伍，规范职场行为，构建诚信职场环境。

第一节　用大数据勾勒企业“信用画像”

随着我国市场经济的快速发展，市场环境暴露出不少诚信缺失的问题，企业信用风险和信用危机也随之产生，这已经成为我国市场经济能否进一步健康发展的瓶颈。因此，加快市场信用体系建设迫在眉睫，企业“信用画像”作为市场信用体系建设的基础，自然也成为市场信用体系建设的“排头兵”。依托互联网、大数据等新型技术，基于企业的多维度数据，精准勾勒企业“信用画像”，有望推动我国市场经济健康有序发展。

一、需求分析

商业合作中如何有效鉴别对方的信用成了很多企业亟须解决的问题。很多企业在对外品牌宣传上是一副模样，但是内在却可能是另外一个样子。企业有没有财务造假的黑历史？有没有过严重的法律纠纷案？“老板”是不是有信用污点？股权分配是不是有猫腻？打造一个可以“傻瓜式”轻松查询企业相关信息的平台成为解决以上问题的关键。

减少因失信而蒙受不必要的损失，是中国企业在出征海外市场的过程中亟待解决的首要难题。据统计，目前中国企业因为信用缺失而导致的直接和间接的经济损失高达 5855 亿元，相当于中国年财政收入的 37%，中国国民生产总值每年因此至少减少 2 个百分点。海外征信报告是帮助我国企业安全出海的有力保障。

随着市场经济体量的不断扩大，营商环境更趋复杂。单纯依靠传统的统计分析已经很难实时准确地判断整体产业环境，这也成为政府部门科学决策的瓶颈。大数据、人工智能等新技术在分析国民经济发展趋势方面具有突出优势，可以帮助政府部门建立更好的数据防控系统，完善数据要素市场建设。

疫情期间，很多中小企业的生存空间被压缩到了极点。第一个问题是“货出不去”，疫情造成大量企业的产品滞销；第二个问题是“钱进不来”，贷款特别难，周转不灵、资金链断裂导致企业生命线垂危；第三个问题是浑水摸鱼的供应商和服务商在大乱当前也多了起来，因为对对方的资质、背景、关系等都没有调查清楚，很多企业频频触雷。2020 年 4 月份，中国银保监会副主席周亮在国务院联防联控机制举办的新闻发布会上表示：“经济稳则金融稳，企业好金融才能好。中小微企业是稳定就业的‘主力军’，事关广大人民群众的切身利益，受疫情影响较大，各方应该共同携手，帮助它们渡过难关。”如何借助于大数据帮助企业打开销路，成为大数据企业主动承担社会责任的抓手。

加强风险管理，是企业应对复杂市场变化的重要手段。新冠疫情的发生，给所有人上了一堂活生生的风险防控普及课。疫情过后，不管是经营企业的，还是做小生意的，都应该静下心来好好思考一下，如果下次还会遇到类似的“黑天鹅”，我们应该如何做好提前的预防？譬如系统性地整理潜在的渠道商、供应商的名单。这样的名单放在平时可能用不上，但一旦风险来临，就会体现它作为备选方案的价值。人们总说：“手中有粮，心里不慌。”在数据化时代，企业如果能够时刻保持信息的畅通与有效，就不惧怕外部的不确定因素。

二、场景概要

基于大数据挖掘、数据建模、行业标准定义和可视化分析等技术，搭建企业信用信息查询平台。通过开发大数据技术在企业征信领域的场景应用，为金融机构、投资机构、政府部门及集团型企业提供 API 接口服务，同时提供一站式企业信用查询、企业云图、海外征信报告等定制化产品，助力企业、政府和各类社会组织加强风险管理，助推我国商业信息的整合与共享。

三、技术架构

基于完全公开的全国工商信息、诉讼信息、知识产权信息等，对数据进行结构化整理，为用户提供一站式查询服务，广泛服务于B端与C端的用户。从产品功能上来看，B端主要是为企业用户提供API接口、风险监控等定制化服务方案，包括与政务、科研机构、金融机构、律所、供应链服务商等合作，诸如百度、腾讯、今日头条及各大银行。C端主要是企业一站式信用信息查询平台，用户可以实时在线查询企业多维信息，获取及时、准确、全面、可靠的企业情报动态，有效避免商业合作风险。

为此，企业信用信息查询平台向广大企业级客户开放API接口服务，为全球范围内各个商业领域提供数据驱动方法。通过100多个数据维度，便捷搭建客户自己的商业数据库。一方面，基于云端百种数据接口，企业可以通过自有平台快速按需调取数据。另一方面，按需定制，清洗、精准筛选目标数据信息。

API接口服务共包含四大合作模式，一是包括银行、保险公司、证券公司等在内的金融机构；二是包括风险投资、股权投资、天使投资等在内的投资机构；三是发改委、公安部等政府部门；四是各类知名的集团型企业。

针对金融机构，企业信用信息查询平台从贷前尽调、贷中审批到贷后管理，全流程为客户提供全面的风险管理方案。

针对世界500强级别的集团客户，企业信用信息查询平台主要聚焦在供应商的征信资质上。在采购申请、招标方案、发标、投标、评标、决标、采购协议、订单协议等整个流程中，通过提供大数据风控管理模型，用大数据搭建起商业合作的桥梁。

对于投资机构，一方面，通过对潜在投资企业在潜力评估、审批决策、风险监控等方面进行风险评估，辅助投资机构制定合理的拓客计划。另一方面，对于已投资的企业，也会帮助投资机构进行企业库的维护。

在与政府部门合作方面，企业信用信息查询平台不仅帮助政府部门更精准、更实时、更全面地掌握各类企业的动向，把握国民经济的发展趋势，而且借助于大数据分析，助力政府部门及时发现潜在问题，做到负面舆情的提前知悉与把控。

四、主要内容

1. 一站式企业信用查询

基于工商信息、风险信息、知识产权信息、互联网信息、征信报告和深度数据挖掘，对企业进行全面商业信息调查，针对企业信用精准“画像”，提供多维度企业信用报告，洞察商业风险。

2. 企业云图

“企业云图”，是企业级数据大屏解决方案，通过数据大屏监控分析企业总量、企业经营、行业分布、知识产权、企业风险、企业信用等海量企业数据，一键掌控全局，助力政府机构和企业智能高效决策。

从辅助政府机构智能高效决策的角度来看，大数据技术至少可以从两个方面为政府决策提供参考与帮助。一是通过大数据的力量，帮助政府部门更精准、更实时、更全面地掌握各类企业的动向，把握国民经济的发展趋势。企业信用信息查询平台后台一整套的数据查询系统，尤其是“企业云图”服务功能，能够做到一图纵览经济动态。每个细分行业，都能第一时间获取第一手数据信息。在区域经济中，数据甚至可以下沉到县级市，用图表的方式，直观地获悉当地的产业分布、企业总量、资本动向、经营状况等多维度的信息。二是针对一些民营企业的经营风险，政府方面能够借助大数据分析，及时发现潜在问题，做到负面舆情的提前知悉与把控。企业信用信息查询平台的舆情监测系统，能实时地进行全网爬取，通过信息去重和热词分析，帮助政府部门第一时间迅速作出反应，让相关工作更加游刃有余。

3. 海外征信报告

海外征信报告覆盖190个海外国家，致力于帮助我国出海企业快速、有效规避跨境交易风险。不管是在2020年疫情暴发的特殊时期，还是在全球化发展的进程中，都能实现一键纵览全球商誉信息，避免决策失误，降低海外经营风险。

海外征信报告具有覆盖面广的特性。首先，作为客户管理和风险管理的初筛工具，海外征信报告包括但不限于股权穿透、受益人、股东的违约信息、公司诉讼等不少于13个功能模块。目前已涵盖31个线上委托下单的国家和地区，其中包括11个亚洲国家、37个欧洲国家、2个南美国家以及2个大洋洲国家。同时，海外征信报告支持全球190多个主权国家的信用报告调查委托，帮助客户评估潜在及现有贸易合作伙伴的信用情况。

海外征信报告的应用场景不断拓展，目前主要专注于银行、保险、券商、第三方支付等频繁发生境外商务活动的金融领域，以及需要快速评估企业出海所面临的商业风险的中小微贸易行业。

五、创新亮点

企业信用信息查询平台的创新亮点主要体现在以下四个方面：

一是海量数据采集解析。以全国超2亿企业为索引，实时采集解析结构化海量企业信息数据，囊括经营信息、资质许可、风险信息、舆情动态等多方面内容，还原360度企业画像。

二是企业模型综合评价。基于企业全景画像，构建企业综合评价模型，从身份特征、守法守规、发展潜力、经营状况、行为偏好、创新资质六个方面评价企业风险，对比2亿多全量企业信用风险，计算企业在全国企业中的相对信用等级，助力企业风险监控。

三是复杂关系可视分析。融合企业及人员的股权投资、任职关系等信息，以查询主体为核心构建网络关系图，企业错综复杂的关联关系直观可视，全面了解企业营商环境，辨识行业投资策略，实现实时风险监控。

四是高效领先数据架构。集数据采集解析、数据建模、数据可视化于一体的大数据解决方案；利用中文语义分析、自然语言处理、模式识别等AI核心技术，对非结构化半结构化数据进行有效清洗、精准分类，助力企业高效决策。

其中，企业信用信息查询平台在国内首创性地将企业信息进行规模化收集，并通过移动终端进行普惠式分发。凭借海量的数据资源，并且配备先进的AI分析能力，企业信用信息查询平台在疫情期间通过数据分析模型，对疫情期间整个宏观经济与微观市场作出实时的数据分析，既能帮助政府和公众及时地了解当前的经济环境，又可以帮助企业明确当前的市场动向。

海外征信报告的主要亮点在于获取报告的高效性。利用大数据和及时必要的人工干预手段，一份翔实的外资企业背调仅在2个工作日左右即可有效交付，对比传统的委托专门机构和律所耗费的巨大成本，企业信用信息查询平台可做到一键查询，高效获取海外企业征信报告。

六、建设成效

企业信用信息查询平台汇集了目前国内市场中的80个产业链、8000个行业、6000个市场以及4亿的全球企业数据。平台目前用户量超2亿，累积查询量超800亿次。从服务成效来看，一是向银行提供贷款客户的数据，帮助银行规避重大潜在风险；二是提供大数据风控管理模型，助力企业搭建起商业合作的桥梁；三是通过建立数据防控系统，完善数据要素市场建设，助力政府部门履行职能；四是创新思路，帮助企业复工复产。

以助力企业复工复产为例，2020年上半年，新冠肺炎疫情牵动着每一个人的心，也影响着各行各业的发展。疫情期间，企业信用信息查询平台通过多项举措的实施落地，包括上线“疫帮帮”查询平台、面向湖北地区免费开放服务、发布产业数据分析报告等，成功帮助企业复工复产，树立了大数据“战疫”典范。

一是助力企业打开销路。面对疫情期间中小企业经营难的窘境，企业信用信息查询平台在 2 月份上线了新功能“疫帮帮”，打造了一个医疗领域的对接信息服务平台，最大限度地助力我国医疗企业生产调配，帮助大量口罩、防护服、医疗器械等企业找到生产物资。同时，凭借“疫帮帮”里的“全国蔬菜瓜果类合作社查询”，该服务包含 2609 家农业合作社，涉及 519 种瓜果蔬菜品类。全国蔬菜采购商与经销商均可借此快速找到蔬菜、瓜果供应商，很大程度地缓解了农副产品滞销的难题。

二是发放补贴扶持中小企业。为响应国家号召，企业信用信息查询平台推出两亿元补贴帮扶计划，向我国五万家企业无偿开放数据平台。相关企业借此全力解决拓客难的问题，用大数据为企业经营穿好“防护服”。此外，针对疫情后湖北“重启”，企业信用信息查询平台向湖北地区民众提供 3000 万份无偿查询服务，让广大外出务工农民工、高校毕业生等及时查询求职企业的基本信息、薪资范围、融资情况等信息，甄选合适的工作，避免上当受骗。

三是发布深度数据分析，把脉经济趋势。及时发布口罩、呼吸机、消毒液等与疫情紧密相关的医疗产业数据，以及各个主要行业在疫情期间的注册量与注销量的变化情况等信息。这些数据得到了各类权威媒体与政府部门的广泛采纳，帮助政府部门科学决策。

第二节　“互联网+”打造职业信用

职场诚信规范作为我国社会信用体系的重要组成部分，根据《2018 年中国职场诚信调研报告》数据显示，88.6%的招聘方认为职场招聘阶段是职场失信的“重灾区”。职场诚信受到了企业家、人力资源管理者和企业安全部门的高度关注。员工雇前背景调查，是指人力资源部门，通过多种合法合规的途径，核实求职者或者拟录用人员个人履历信息真实性的过程。知了背调在当前形势下，借助互联网、大数据、人工智能等计算机技术，对员工的职业信用信息进行归集共享，建立员工个人职业信用档案，为企业提供高效、精准的员工背景调查服务，进一步提升信用服务质量，挖掘市场潜力，同时有助于推动我国职场诚信体系建设，切实打造良好的职场信用生态。

一、需求分析

随着社会信用体系的建设，社会各界对于个人信用意识逐步加强，员工背景调查业务的市场需求逐渐被激活，企业也越来越认可和接受背调服务的价值，背调市场即将迎来快速发展的时机。

1. 国内应用现状

近年数据显示，我国就业人口规模已接近 8 亿，职场诚信已成为洞察社会诚信水平的高频场景，而以往因监管和核查手段的缺失，用工单位和员工个人或多或少都会存在不同程度的失信行为。而这些失信行为，会严重损害职场的健康环境。

目前市场上的背景调查服务商主要包括三类：

一是外资背调公司：以 First Advantage（首优）、Sterling RISQ 为代表。这类背调公司进入中国时间较久，有不少大型外资企业客户，特别是首优，还是目前在中国市场上销售收入最多的背调公司。但是这类背调公司由于产品价格较高、交付周期较长，故在本土的竞争优势逐渐降低，市场占有率也将越来越低。

二是本土传统背调公司：以太和鼎信、八方锦程为代表。这类背调公司对中国市场拓展力度比较大，有一些早期使用背调服务的大客户群。但是，这类背调公司互联网化程度比较低，产品竞争力越来越弱，且在大型人力资源机构战略合作方面基本没有动作。这类背调公司的竞争力也将越来越低。

三是互联网背调公司：以知了背调为代表。知了背调把互联网、大数据、人工智能等高科技与背景调查相结合，推出标准化、网络化的背景调查产品，大大提高了背景调查效率和质量，降低了背景调查成本。

2. 场景所解决的痛点

中国2亿白领平均在职时长22个月，5亿多蓝领平均每年换3次左右工作。

就业人员主要存在的职业信用风险包括：

一是受过刑事处罚的前科人员在就业的时候，未向用人单位告知自己曾受过刑事处罚，在企业担任董监高职务，或从事财务工作、家教、家政、快递、网约车司机等职业，屡屡发生伤人、强奸、盗窃等事件，给社会带来巨大伤害。特别值得一提的是，曾经有过性侵害违法犯罪行为的人员，对未成年的潜在危害特别巨大。

二是在逃人员等高风险人员逃窜到外地后参加工作的，公安部门无法及时获知此类人员的工作单位、工作地点等信息，无法及时采取措施，对社会造成重大安全隐患。

三是用人单位在招聘员工的时候，需要候选人提供无犯罪记录证明，候选人需要跑腿到派出所，还要持用人单位开具的介绍信，并且有些外地候选人还需要到户籍所在地开具无犯罪记录证明，浪费了大量人力物力。

四是有些候选人在应聘的时候存在编造学历、隐瞒频繁跳槽经历、夸大工作业绩、在外设立与应聘单位业务相冲突的公司等行为，严重损害了招聘单位利益，或给用人单位带来巨大风险。

3. 场景应用的可行性和必要性

针对受过刑事处罚的人员，以及有性侵害违法犯罪行为的人员，在就业时的主动告知和强制审查，法律法规有明确规定。

（1）《中华人民共和国刑法》

《中华人民共和国刑法》第一百条规定："依法受过刑事处罚的人，在入伍、就业的时候，应当如实向有关单位报告自己曾受过刑事处罚，不得隐瞒。犯罪的时候不满十八周岁被判处五年有期徒刑以下刑罚的人，免除前款规定的报告义务。”

而在现实生活中，有过刑事处罚的人往往在应聘时不会主动如实向用人单位报告自己曾受过刑事处罚的事实，导致用人单位事后发现也需承担高额的再次招聘成本。

（2）《关于建立涉性侵害违法犯罪人员从业限制制度的意见》

2019 年 5 月 29 日，上海市 16 家单位联合会签并出台了《关于建立涉性侵害违法犯罪人员从业限制制度的意见》（以下简称《意见》）。《意见》将对未成年人负有监护、教育、训练救助、看护、医疗等特殊职责的企事业单位、社会组织等纳入管理范畴，包括幼儿园、中小学校等教育机构，3 岁以下幼儿托育机构，儿童福利机构，对象为未成年人的培训机构、医疗机构、文化体育场所，等等。其中，除了对教师、医生、教练、保育员等直接对未成年人负有特殊职责的工作人员进行审查外，《意见》还将保安、门卫、驾驶员等不具有特殊职责，但具有密切接触未成年人条件的其他工作人员纳入适用对象。同时，与未成年人密切接触行业用人单位招募的志愿者在入职前也需进行审查。

（3）《关于改进和规范公安派出所出具证明工作的意见》

公安派出所在向社会提供犯罪信息查询服务时，应当严格依照法律法规关于升学、服现役、就业等资格、条件的规定办理。公民因办理出国（境）事务需要，可以申请查询本人有无犯罪记录。使用犯罪人员信息的单位及其工作人员应当按照查询目的使用有关信息，对犯罪人员信息要严格保密。

二、场景概要

员工雇前背景调查场景旨在解决用人单位在招聘过程中遇到的身份造假、学历造假、履历造假、隐瞒各种风险信息等问题，为企业提供精准、高效的员工背景调查服务，为个人建立职业能力和职业信用档案，进而提升人才甄选效率、约束职场失信行为，在企业和个人之间建立信任，帮助企业实现人才投资效益最大化。场景的服务对象为所有有招聘需求的用人单位，以及提供招聘服务的人力资源服务机构。

知了背调是国内首款基于候选人在线授权的职业信用背景调查平台，经过数据主体本人身份认证并授权以后，从官方数据源通过 API 接口获取数据，整合成报告输出给用人单位。目前已经接通全国性违法犯罪、个人工商、法院涉法涉诉、失信被执行人、网络借贷、职业资格证书、教师资格证书、教育背景等数据，数据源实时更新。

三、主要内容

1. 数据基础

职业背调的底层数据类别包括身份信息、高等教育、技工教育、职业资格信息、网络金融、个人工商信息、法院公开信息等，如表 4–1 所示。

表 4–1　职业背调底层数据项目表

序号	数据类别	数据说明	数据来源
1	身份信息	核实身份信息以及手机号码实名认证	全国公民身份号码查询服务中心
2	高等教育	查询 2001 年后个人国内最新高等教育学历	中国高等教育学生信息网
3	技工教育	查询 2013 年 9 月后个人国内技工教育学历	人力资源和社会保障部
4	职业资格信息	查询候选人在人力资源、社会保障部已登记的职业资格信息	人力资源和社会保障部
5	网络金融	候选人在互联网金融平台多头借贷、借贷不还信息	各互联网金融机构
6	个人工商信息	包含个人担任企业法定代表人、股东信息、个人任职、行政处罚等信息	中华人民共和国国家工商行政管理总局
7	法院公开信息	法院涉法涉诉信息、法院失信被执行人信息	全国各地区法院网站、最高人民法院

资料来源：作者根据相关资料整理。

2. 背调服务内容

（1）多账户管理：“一对多”子母账户管理，便于企业管理，清晰明朗，更有安全保障。

（2）数据分析：多维度数据分析和报表统计功能，帮助企业实现数据化运营管理。

（3）专享客服：更及时、更周到的专享客服服务，第一时间为您解答疑惑。

（4）简历比对：候选人简历与背调报告进行人工比对，真伪一目了然。

（5）批量背调：一次性批量导入多个候选人信息，省时省力。

（6）套餐设置：将常用服务项目组合设置为套餐，一键发起背调，方便快捷。

3. 背调流程

知了背调目前由一大系统三大平台构成，分别是背调交付系统、订单平台、授权平台、信用数据控制平台。通过一系统三平台，可让客户订单从前端到后台呈现透明化运转。

根据业务流程中的角色功能分析背调流程（如图 4-1 所示）：

一是 HR 角色流程（用人部门）。HR 在订单管理系统（网站）中发起背调订单——报告完成后查收报告。

二是候选人角色流程（应聘人员）。候选人在经过系统自动验证身份后——系统短信通知候选人授权——候选人在微信公众号上完成——填写个人工作履历等信息。

三是系统数据查询输出流程。系统在候选人完成信息审核后，会自动查询候选人的线上部分信息并直接输出查询结果。

四是背调顾问角色流程（背调工作人员）。背调顾问进行证明人寻找和验证——电话访谈了解候选人工作表现等信息——最后对报告编辑文字和访谈录音进行质检——完成报告订单。

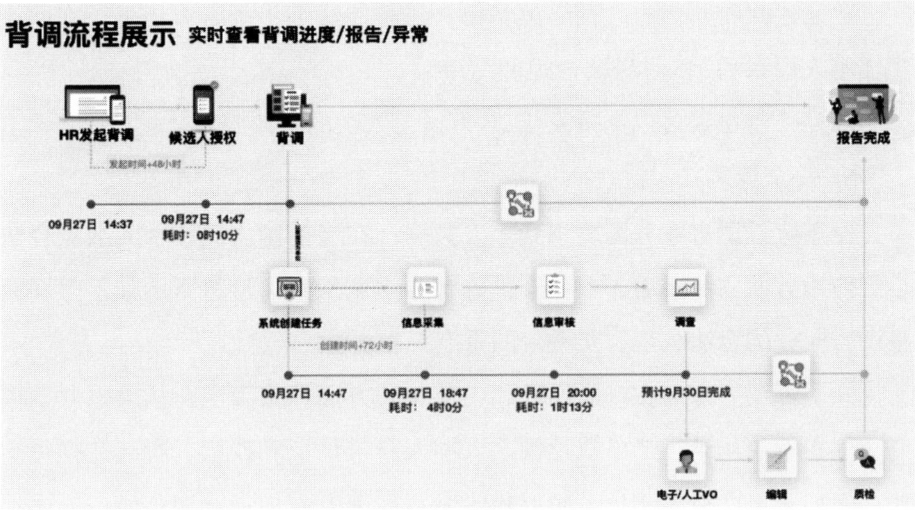

图 4-1 背调业务流程

4. 评价内容

评价内容包括基础信息、风险信息、性格特点、健康状况、工作经历等维度，如图 4-2 所示。

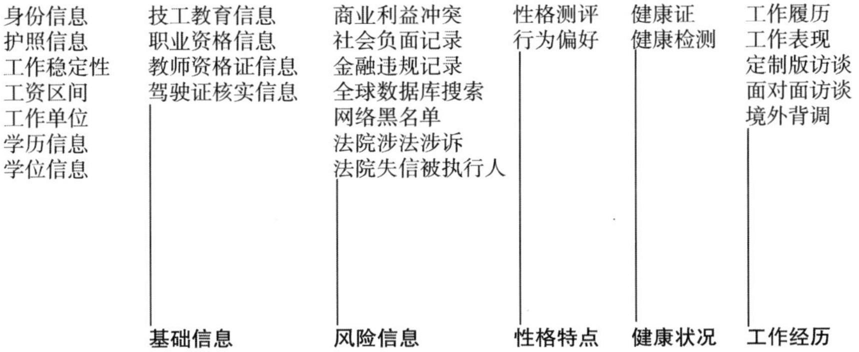

图 4-2 评价内容

5. 技术实力

一是数据主体本人授权，从身份认证到授权完成，90% 在 1 分钟之内可以完成；需要人脸识别和电子签名的，2 分钟之内可以完成授权。

二是平台支持每次批量发起 1000 人背调和二维码背调方式。

三是违法犯罪信息、网络黑名单、法院涉法涉诉等官方信息，在数据主体本人授权后，3 秒钟之内返回结果。

四是平台每天可以支持完成 20 万以上人次的背调服务。

6. 安全保障

由于背景调查业务需要用到个人数据，在当前国内关于个人数据合法合规使用方面立法滞后，且公安机关打击力度加大的形势下，如何保证背景调查业务的合法合规，是平台的重点工作。

知了背调一方面在产品设计和内部管理方面严格要求，从确保背景调查应用在就业场景、严格执行候选人本人身份认证和授权、所有数据传输和存储加密、严格禁止员工拷贝和传输数据等方面加强管理；另一方面加强与公安机关等权威部门合作，确保数据来源合法合规，并主动接受监管，从而有效降低运营管理风险。具体来说：

（1）应用场景合法

一是仅用于就业招聘场景：对每一个需要发起背调的公司客户，平台都要验证客户的营业执照，跟客户签订书面合同，并且会通过短信和微信公众号告知候选人，是哪一家企业因入职招聘需要，需要对其进行背景调查。

二是仅提供与工作有关的数据：平台仅向企业客户提供跟候选人工作有关的数据，不提供宗教信仰、行为轨迹、资产情况等与工作无关的数据。

（2）数据主体本人授权

平台会严格要求每一笔订单都需要数据主体（候选人）本人的授权。

候选人身份认证：平台提供姓名、身份证、手机号码三要素比对验证，手机短信验证码，人脸识别验证，电子签名验证四种方式，对候选人进行身份认证，确保进行操作的，一定是候选人本人。

候选人有权选择同意或拒绝：身份认证通过以后，候选人可以自主选择同意或拒绝。候选人没有及时进行授权的，系统会在 24 小时内自动提醒候选人进行授权；候选人超过 48 小时没有授权的，系统默认候选人拒绝授权。

（3）数据加密

平台对传输和存储的数据均进行加密处理，万一数据被截取或泄露，也仅能看到乱码，不能看到具体内容。

（4）内部安全管理

平台建立了内部信息安全制度和保密制度，从技术和管理两个方面保障个人数据安全。

四、建设成效

互联网化是背景调查行业发展的必然选择。三年多来，知了背调的业务已经覆盖全球 200 多个国家和地区，为包括中国联通、罗氏制药、博世、欧姆龙、欧尚、埃森哲、世茂、交通银行等在内的 40 余家世界 500 强企业提供优质的背调服务；与猎聘、前程无忧、万宝盛华、任仕达等国内外知名人力资源服务商建立了战略合作关系；累计服务个人候选人 50 余万人次。先后荣获大中华区人力资源服务机构品牌 100 强、上海市信用服务机构综合排名 30 强、上海市行业信用建设优秀案例、人力资源科技大奖 50 强等奖项与荣誉。

第三节 “三位一体”诚信平台提升企业服务水平

随着社会信用体系建设逐步深入，多地多部门以信用为基础创新监管方式，依靠技术手段收集、公开信用信息，对市场主体进行信用分级，对失信者实行联合惩戒，对守信者实行联合激励。通过创新研发服务业诚信平台，以安全信任为命题，以身份验证为基础，以安全需求为逻辑，以生活场景为载体，以数据赋能为推动，融合安全技术和服务机构，构建个人、企业、家庭三位一体化的服务平台，首创服务者、企业、家庭诚信分，消除主体之间的信息不对称性，解决服务者、企业、家庭之间的信任问题。同时，围绕诚信体系，创新研发技能培训、用工招聘、诚信核验等产品，完成了从招工安全、用工安全到提升服务品质的服务闭环，从而推动社会信用机制不断优化升级，创造安全和谐的信用环境。

一、需求分析

2019 年，一系列与服务者相关的案件引发了全社会的关注和思考。杭州保姆纵火案、滴滴出行顺风车司机案、快递员入户猥亵案等社会恶性事件将蓝领群体推向了风口浪尖，蓝领诚信核查成为社会关注焦点。

通过对某签约服务行业企业员工抽样 10000 人进行诚信调查。调查结果显示，每万人安全异常（有犯罪记录）占比为 2.22%，履约异常（有诚信违约）占比为 3.4%，安全及履约异常（有犯罪记录及诚信违约）占比为 0.22%。

如何辨别服务行业从业人员背景是否可靠，保障用户安全及行业如何健康发展成为亟须解决的问题。通过综合身份核验、技能经验、诚信履约情况三个维度的信息，利用多维度数据模型+AI 智能算法分析后，生成诚信分，有望解决诚信核验问题。

政府及企业开展以信用为基础的监管亟须智能化诚信服务平台。围绕诚信体系，通过研发技能培训、用工招聘、诚信核验产品，从而实现从招工安全、用工安全到提升服务品质的服务闭环。同时，诚信体系需要从固定变成动态诚信体系。从个人的从业经历、技能培训、服务水平及服务评价等方面对服务者诚信进行实时跟踪，通过不同的数据变化同步反映到服务者诚信分中，确保服务者诚信分的及时性和准确性，有望为企业及政府提供可靠的管理依据。

二、场景概要

在国家大力发展社会诚信体系建设的背景下，服务业诚信平台为个人、企业、家庭建立诚信模型。运用人脸识别、数据标准化处理、模型智能算法，智能学习等计算机技术，实现了诚信服务在服务者、企业、家庭闭环场景中的应用。此外，通过诚信服务解决服务者、企业与终端用户的信任问题，进一步提升服务体验。

服务业诚信平台落地场景应用于服务者、家庭、企业三个方面：

1. 服务者诚信

开发服务者诚信分，解决企业、家庭业主的信任问题。一是以身份核验、诚信核验为基础，帮助企业解决招工、用工安全问题；二是帮助业主核实服务者真实身份，解决服务安全问题。

2. 家庭诚信

开发家庭诚信分，洞悉燃气行业和生态合作企业及社会金融信贷机构欠缴费的核心痛点。通过提供家庭诚信报告，赋能生态合作企业及金融信贷机构，助力行业健康发展。

3. 企业诚信

开发企业诚信分，针对合作企业和个人对企业服务诚信情况有需求这一痛点，服务业诚信平台可出具企业诚信报告，翔实统计企业经营及诚信情况，为合作企业和个人用户赋能。通过业务不断深入发展和市场验证，已形成三大诚信服务能力的闭环应用。

三、技术架构

依托于企业数据及AI算法，构建生态数据诚信模型体系。首先将信用信息分为不同的数据维度，包括技能、评价、服务历史、服务水平、其他维度等。其次借助计算机技术将信用信息数据化，通过专家打分、智能算法搭建诚信分值评定模型，对个人、企业、家庭的诚信分进行计算，最后将诚信分广泛应用于各个场景之中。

服务业诚信平台通过动态可成长的诚信机制，打造服务差异化的竞争能力，为生态伙伴及客户提供安全可信任的诚信赋能。

诚信体系的构建围绕业务数据化、数据智能化、智能业务化这三方面进行：

一是业务数据化。在数据预处理部分，除了填充法、删除法、过滤法外，还引入了随机森林等算法，提高了数据的准确性和可用性。

二是数据智能化。在算法建模部分，除了专家打分及 LR 算法外，还引入了 FM 算法、树集成算法及神经网络等算法进行诚信打分，较大地提高了模型打分的准确率。

三是智能业务化。应用的场景包括权益兑换中心、成长赋能中心等，其中权益兑换引入了智能派工等权益、成长赋能引入了培训赋能等权益。

四、主要内容

1. 服务业诚信平台——服务者诚信查询

主要应用于服务行业中，包括诚信衍生产品，如电子工牌、服务者诚信分。已应用于诚信租赁、诚信运营等多种场景，平台目前已经覆盖 33 万服务者，合作企业近百家。

另外，服务者诚信作为可定制化的诚信类服务产品，可以根据企业具体需求对服务者的技能、评价、服务历史、服务水平等多维度的数据进行组合，形成可共用的服务者诚信成长体系。通过公共安全不良信息、金融履约等数据，加上企业独有的业务数据形成可以反映出服务者本人诚信、工作能力等数字化的评定标准，帮助企业在招工、用工、对服务者进行数字化管理上提供有效的数据依据。

在政府管控方面可以形成统一有效的标准，对服务者的服务能力、服务水平等有详细的了解，方便政府机构对就业人员、待就业人员等进行综合的调控。同时，通过提供招聘产品、技能培训平台，可以反馈出服务者的学习能力及技能掌握水平等数据，从服务者的培训到就业形成完整的闭环，为企业及各用工单位输送稳定优质的服务者。

2. 服务业诚信平台——企业诚信查询

通过对企业诚信进行审核，综合评定企业实力，查询企业诚信，可了解企业的经营能力及异常情况。同时，通过对已经产生的经营异常进行重点标注，帮助用户更加直观地了解合作企业、采购服务商、加盟商的经营信息。此外，通过 API 服务将诚信能力对接到企业的自身业务中，避免遇到不良合作企业造成企业经营损失。

3. 服务业诚信平台——家庭诚信查询

基于服务者诚信，通过家庭关系绑定，结合业务数据，对家庭整体诚信进行综合评定，让诚信服务不再局限于个人，而是归集于一个单位。通过将家庭诚信提供和家庭相关的整体服务，让家庭诚信成为家庭成员共用的诚信。通过家庭成员的综合诚信能力应用在特定的家庭服务场景中，例如缴费、装修、维修、搬家等，针对性地服务于运营、金融借贷、租赁等场景。同时，通过诚信体系形成对家庭用户的约束作用，促进用户及时缴费、及时履约，并可提高用户活跃度。

目前，家庭诚信服务已经应用在到家服务场景中，并在缴费及客服系统中进行应用。通过家庭诚信确认用户等级，在运营上形成了新的运营方式，针对以家庭为主体的用户进行促活，在提高用户活跃度方面已经取得了一定的成果。

五、创新亮点

服务者诚信分，定义了服务者的诚信情况，同时建立企业及家庭诚信，实现服务场景中的诚信闭环服务。不仅为行业和合作伙伴赋能，更为完善社会诚信体系建设奠定基础。

围绕诚信体系陆续研发了技能培训、用工招聘、诚信核验产品，完成了从招工安全、用工安全到提升服务品质的服务闭环。同时，诚信分从固定化变成动态化，通过对个人的从业经历、技能培训、服务水平及服务评价等方面对个人的诚信档案实时跟踪，将不同的数据变化同步反映到服务者诚信分中，确保服务者诚信分的及时及准确性，为企业及政府提供可靠的管理依据。

在数据安全方面，从数据源头到诚信核验，在保证数据安全的同时，为客户开放最大的查询空间，既保证被核验者的信息安全，也确保诚信核验查询准确。

服务业诚信平台自主创新性较高，与其他诚信产品对比具有明显亮点，体现在以下四个方面：一是平台在国内首创服务者诚信分，成为国内唯一的以服务者身份为衡量主体的诚信分数，为全社会服务者赋能。二是独立研发大数据诚信模型，基于诚信大数据模型创新研发的服务者诚信体系，促进服务者不断成长。三是可实时出具诚信报告，提供 SAAS 化产品及 API 服务，可为社会各个行业提供诚信服务。四是实现多行业、多职业、多工种的个性化诚信模型的配置功能，可为不同场景、不同人群提供诚信服务。

六、建设成效

目前，服务业诚信平台已覆盖 33 万服务者，不仅解决了企业招工、用工安全的问题，更降低了企业招工、用工成本，有效地为合作企业降本增效。

在经济价值上，已经取得实际经济效益。平台已与新奥集团、一城一家等 76 家知名企业达成合作，覆盖能源、制造、汽车、服务业、教育培训、人力资源等 10 多个行业。

以一城一家为例，企业通过诚信 SAAS 服务平台，对该企业到家服务者的诚信进行核验，避免了问题员工的录用，保证对该企业家庭用户的到家服务安全。同时，一城一家的服务者可通过员工端看到自己的诚信情况，并通过提升自己的服务质量，提高自己的服务评价。并可通过增加自己的业务证书等途径，提升自己的服务者诚信分。服务者诚信分越高，该服务者的接单率越高，可间接提高该服务者的收入。

通过不断拓展市场和业务发展，目前诚信服务应用场景已扩展到到家服务、企业用工、培训招生、交友互动、社交平台、金融信贷等领域。未来，平台将根据社会需求不断迭代和完善，预计在三年内覆盖二十余个行业，服务者数量百万级以上。

本章结语

本章以信用大数据服务企业发展、求职招聘、信用主体信息安全等具体应用场景为例子，提出了构建“信用画像”、建立重点职业人群“信用档案”等创新举措，为服务者、企业及其他信用主体提供互信基础。“用大数据勾勒企业‘信用画像’”提出通过大数据挖掘、数据建模、行业标准建设等相关举措完善企业信用信息，实现信用查询、企业云图、海外征信报告等定制化产品应用；“员工雇前背景调查”则提出通过融合就业人群违法犯罪、个人工商、法院涉法涉诉、失信被执行人、网络借贷、职业资格证书、教师资格证书、教育背景等数据，为企业提供精准、高效的员工背景调查服务，进而提升人才甄选效率、约束职场失信行为；“服务业诚信平台”提出运用人脸识别、数据标准化处理、模型智能算法、智能学习等先进技术，实现诚信服务在服务者、企业、家庭闭环场景中的应用，有利于创造安全和谐的信用环境。

通过对上述案例的分析，信用大数据在服务企业发展方面应注重以下内容建设。一是加强信用大数据在服务企业方面的顶层设计，建立完善的数据标准体系，确保企业数据归集的完整性，提升数据的一致性和有效性；二是加强企业内部组织架构建设，建立科学合理的专业团队，规范管理数据采集、使用等过程；三是完善数据应用治理体系，建立覆盖数据全生命周期的管理架构，明确数据所有者的职责和权利、数据格式和标准、数据建立和变更流程、数据使用制度、数据安全制度和数据销毁流程等内容；四是深挖信用大数据在服务企业中的应用场景，推动大数据在工业研发设计、生产制造、经营管理、市场营销、售后服务等产品全生命周期、产业链全流程各环节的应用，探索形成协同发展的新业态、新模式，培育新的经济增长点。

随着信息技术的不断发展和数据要素市场化配置概念的兴起，信用大数据将基于移动计算、物联网、云计算、区块链等一系列新兴技术，逐步在企业经济发展、人员就职招聘及信用主体公共安全等各个领域实现全面开发利用，为企业战略管理提供全新思路，对于企业由过去单一业务经营模式向全业务经营模式发展、单一环节应用向供应链全链条应用发展、企业内部管理由粗放型向精细化转变等具有战略性意义。未来，信用大数据除在企业经济发展、人员就职招聘及信用主体公共安全等领域外，还将在创新企业经营模式、促进产业转型升级、优化供应链管理、降低企业经营风险等四个方向得到广泛应用。一是创新企业经营模式，通过大数据等先进技术的应用，有助于企业加强与客户互动交流，充分利用现代化信息技术建立与客户之间的良好互动，能够精准分析客户需求，体现服务精准化；二是促进产业转型升级，通过推动大数据在研究开发、生产制造、经营管理、市场营销等产品全生命周期、产业链全流程各环节的应用，能够提升产品附加值和产业集聚水平；三是优化供应链管理，通过大数据对信息流的控制，优化传统制造业生产流程，再造了生产的最优配置，促进了传统制造业的供给侧改革；四是降低企业经营风险，大数据能够有效挖掘企业在审计、风险、内控中存在的问题，可以转变简单抽样方式，可进行智能复算与核对，通过大数据模型监测分析企业经营活动，有利于实现企业经营风险智能化、实时化识别、响应与处理。

第五章

行业应用

随着人类社会的不断发展，大数据带来的变革不言而喻。从思维变革到管理变革再到商业变革，大数据带来由量到质的改变。当前，数据已成为驱动经济社会发展的核心生产要素。信用大数据作为重要的数据资源，如何挖掘信用大数据应用价值、提升信用大数据治理能力已经成为全球关注的热点问题。在我国，近年来基于信用大数据的各类信用平台建设进程加快，积累了良好的数据基础。信用大数据维度丰富，在各行各业具有较高的应用价值，目前在交通运输服务、家政服务、餐饮服务等领域产生了积极效应。

第一节 “信用”要素实现物流行业提质降本增效

近些年，我国物流业取得了长足发展，但组织化程度依然较低，市场主体“小、散、乱、弱”现象较为突出，部分企业经营管理不规范，违法违规违约现象时有发生，破坏了公平、公正的市场竞争秩序，影响了物流业的健康可持续发展，造成社会对物流业诚信的认可度总体偏低。基于信用大数据在交通运输服务项目的应用，构建交通运输行业信用大数据体系，解决了传统物流行业失信行为无法认定、失信成本低、行为隐蔽等弊端，实现了物流运输资源的优化配置，有力促进了物流行业信用体系建设。

一、需求分析

在社会信用体系建设不断完善的大背景下，我国物流行业信用现状仍不容乐观，主要表现为：一是不遵照合同交易，物流企业不履约、部分履约或干脆毁约的现象并不少见，使得物流行业交易风险和交易成本加大。二是款项拖欠、携款潜逃事件时有发生，主要表现为物流企业与上下游客户企业间相互拖欠，不按期偿还银行到期贷款，甚至货物蒸发、携款潜逃等。三是物流企业对外发布信息失真，诸如虚假广告、虚报注册资金、夸大自身实力、虚假承诺等。

信用缺失会导致物流市场秩序混乱，垄断货源、欺行霸市、物流货物丢失及不正当竞争等损害托运人权益的行为在各地的物流市场普遍存在，使得物流业交易成本增加，物流双方的经济纠纷严重影响物流行业形象、物流企业社会效益，在一定程度上制约了物流行业发展。同时，由于企业之间缺乏信任，在货款支付和货物交付问题上会互相奉行“不信任”原则，导致物流交易成本增加、物流服务效率降低。物流行业信用缺失严重影响了我国市场经济的正常运行，加大了社会经济运行的交易成本，破坏了正常的物流行业市场秩序，不利于正常的市场竞争。此外，物流企业信用缺失，有可能引发银行惜贷、惧贷或不贷，导致行业融资门槛加高，甚至可能导致全社会对物流行业产生信任危机。

信用缺失对于物流行业的发展是致命的。单纯依靠现有法律法规对失信企业的行政性约束，显然对部分存在失信但还不足以实施行政性处罚的企业存在遗漏。因此，亟须建设一套行之有效的物流行业信用体系，促进我国物流行业规范发展。

二、场景概要

通过大数据、人工智能等现代信息技术，改变传统公路货运物流线下交易、熟人交易的模式，将广大素不相识的货车司机和货主聚集在线上进行交易，为“车找货、货找车”提供信息和技术支持，有效整合公路物流行业资源，以主体自身的信用为要素实现更大市场范围、更高效率、更加优化的运力资源配置，实现公路物流提质降本增效，保护广大司机的实际利益，打造以诚信经营为主旨的交易环境。

三、主要内容

为了解决交通运输领域信用状况较差的情况，平台以客户基本资料、平台交易服务质量、投诉纠纷产生情况、增值履约守信度四个维度建立信用体系大数据模型，如图 5-1 所示。基于多场景大数据，丰富评价维度，以信用体系反哺嵌入交易、车货匹配、金融保险等各场景，形成闭环。

1. 准入资质审查

司机审查：司机实名注册时需提供身份证、驾驶证、行驶证，填写车牌号、车型、出厂年份等车辆信息，上传照片。平台将联合多方信息比对照片、身份证、手机号、行驶证确认人、车身份。

实际承运审查：每次承运，司机需填写基本信息，并且提供身份证照片、本人手持身份证与车辆合照、行驶证和驾驶证照片。系统后台会对上传的信息与司机数据库进行匹配审核，并且要求承运司机承诺运输过程中必须接受定位。

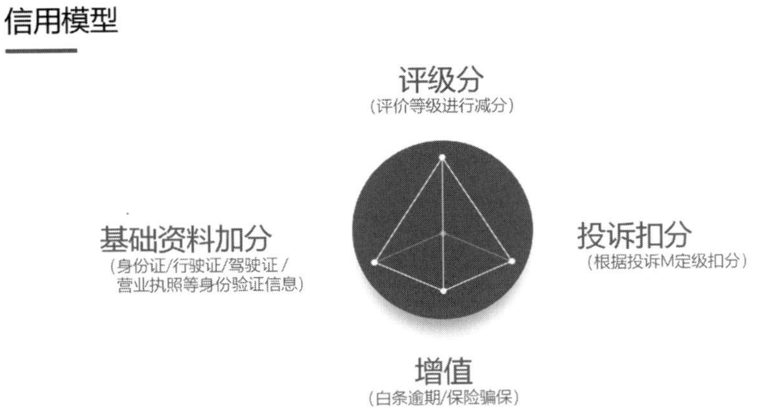

图 5-1　平台信用体系大数据模型

2. 运输全过程监控

司机承运订单后，通过系统定位功能，后台系统将会对司机轨迹和运单进行全程监控。例如司机前往装货地、到达装货地、开始装货、装货完毕、出发、到达、开始卸货、卸货完毕。当出现异常时，第一时间人工核查，采取预备方案。货物签收后，客服会及时回访客户，了解交易细节，提升服务质量/品质和交易效率。

3. 信用信息采集

平台首先通过验证、扫描、实名制填写信息、现场实地调研等手段进行静态数据采集。进而根据客户性质、货损、成交率、无效订单、结款时效、押车次数、客户违约、投诉等维度，综合评估货主客户诚信级别并将资料录入信息系统。

4. 建立诚信档案

从司机和货主在平台注册的一刻起，为每一个用户设立诚信档案，打出信用积分，并根据运营动态信息实时更新。信用积分由“基础资料、交易评价、客诉、保险、小贷”5 个部分组成，每部分又包括若干子项。

最终根据信用积分将用户划分为 5 档，匹配不同的激励或限制。例如 90 分以上为优秀，优先匹配推荐优质货源/司机；60 分以下为较差，将限制部分权益。截至 2020 年 9 月，平台 90 分以上优秀用户比重不到 10%，60 分以下较差用户不到万分之一。

5. 完善奖惩机制

一是建立红黑名单机制。根据司机的报价准确率、货损出险数、抢单次数、违约情况、服务差评等维度，对司机诚信级别进行评估并录入系统。若出现诈骗、倒卖或无故抬价等失信行为，将直接把司机加入黑名单。对货物运输过程中存在的不满意、不公平等现象，车货双方均可以在平台上提出，并由客服人员进行服务和处理。若该司机被投诉多次，平台会根据情况慎重选择甚至加入黑名单。

二是基于诚信档案和红黑名单在平台内建立奖惩机制。诚信档案分级中第一级的优质客户，平台会优先匹配优质运力和货源，最低的劣质客户级别，将逐渐被平台衡量淘汰。信用度越高者，成交效率越高。根据诚信体系设计的保险、普惠金融、油品、ETC 等优惠产品也为诚信经营提供了正向激励。

6. 用户隐私保护

平台在多个数据获取环节建立授权机制，确保数据的隐私性和安全性。平台内所有客户在注册以及对应的数据使用过程中均取得用户个人的授权，在业务过程中产生的所有不良服务记录，均提供差评申诉机会，并且公示处理流程，以确保所有人获得公平、公正、公开的服务。对于客户所提供的申诉信息，后台也确保真实进行解决。

四、建设成效

通过信用体系的建设打造了平台信用生态，有效净化了平台内的服务环境，提升了司机享受平台提供服务的体验。截至 2020 年 9 月，平台黑名单中，失信司机数量 26284 个，失信货主 37477 个，投诉纠纷率从黑名单建立之初的 25%下降至 3%，平台诈骗数量下降 69%，累计挽回损失达百万元。司机的月度承运次数从 9 次上升到 11 次，配货时长从 2. 27 天下降到 0. 38 天。同时，借助信用体系累计向超百万客户提供金融服务，取得了较为显著的经济效益和社会效益。

1. 与全国交通运输信用信息共享平台开展合作

为实现信用管理与行业的深度融合，让信用既做好“看得见的手”，也能成为行业市场中“看不见的手”。平台积极与交通部全国交通运输信用信息共享平台的运维方交通运输部科学研究院开展合作，基于平台信用大数据输出平台黑红名单，取得良好成效。

一是通过与交科院的合作，校验了平台“红黑名单”信息精准性，提升了“红黑名单”公信力和信息合规性，提高了平台“守信激励、失信惩戒”成效。

二是通过信用交通公众监督平台发布平台守信“红名单”表彰信息，并在“信用交通”公众号推广宣传。利用公众对信用监督的作用弘扬守信行为，提升平台认证用户诚信度，同时也宣传了监督平台，扩大了监督平台的影响力。

2. 不良货主惩戒机制案例

当前物流运输服务领域的经营方主要由四类主体构成，分别为：货主（多为本地向外地销售产品的企业或个人）、配货站（负责为货主联系、组织适合车辆配送货物）、承运方（由配货站选定，有自己的车辆，或自己承运，或另雇佣司机承运）、收货单位（多为外地购取货物的单位或个人）。

实践中配货站的运营方式分为两种情形，一是由配货站按货主指定的收货单位同承运司机签订运输合同，配货站则收取运费的差价作为自己的收入；二是由配货站向货主提供承运方的信息，由货主与承运方签订运输合同，配货站不参与运输合同的订立，只收取其作为中介机构因提供信息而产生的费用。

下面以“配货站诈骗场景”（个人冒充配货站与司机电话沟通进行诈骗）为例，该失信行为是跟司机达成口头协议后，承诺提供货物信息，司机线下支付对应的信息费后，“配货站”失联或无货物信息可提供，且不进行退费，从而造成司机的损失，一次损失在 100～1000 元不等，此类“配货站”统称为不良货主，对于这类中介费/信息费用的收取并没有完善的法律法规，易导致骗局不断升级，致使更多司机成为受害者。

成效一：为了保护平台上司机的合法权益，平台运用信用大数据，通过定位聚集、设备关联、IP 聚类分析等多种技术手段发现失信行为，在事前、事中、事后全流程地保护司机合法权益不受侵害，取得良好的经济效益和社会效益。

成效二：截至 2020 年 7 月 30 日，已封禁不良货主及相关联账号约 15000 多个，追回的被骗订金约 100 多万元。

案例一：2020 年 6 月 14 日，平台上有司机投诉线下支付订金被骗。在司机的主动配合下，通过大数据的手段，厘清线索、固定证据。通过平台客服人员联系不良货主，晓以利害，当日追回被骗取司机的订金 12000 元。

案例二：2020 年 7 月 13 日晚上，平台客服人员接到司机举报，一名货主要求司机用个人账户协助其提现。平台客服人员利用信用大数据对该货主进行核查，经核实发现，该货主在交易过程中多次通过线下交易的形式收取了司机订金，却以种种理由拒绝司机提货，涉案金额达 7 万余元。平台客服人员通过掌握的证据与货主进行沟通，在 7 月 16 日帮 70 多名司机悉数追回损失。

成效三：通过大数据锁定犯罪分子，与警方和检察院联动打击网络诈骗行为，净化平台交易环境。

案例：2020 年 6 月 3 日，平台客服人员接到多位注册司机投诉称支付了信息费后，没有按照约定拉到货，怀疑被骗。司机使用 App 找货，与货主进行微信沟通了解详情、协商运费，并在不良货主的怂恿下司机脱离平台的线上保护，采用线下交易方式支付信息费。司机次日出发准备装货时，无法联系该货主，此团伙诈骗司机100多人，骗取金额10万余元。

平台通过大数据技术找到平台上被该团伙侵害的司机，为他们在辖区（南京雨花台）进行报案。报案后，雨花台分局新型涉网犯罪打防中心立即展开调查，并派专员前往平台方，通过大数据手段搜集破案线索，锁定犯罪分子的地点、手机、IP等多种信息，为警方最后破获此案提供了大量的有价值线索。目前警方已经将嫌疑人一网打尽，成为企业通过大数据为警方打击网络诈骗提供帮助的成功示范。

3. 平台信用大数据助推普惠金融落地

除在平台内推进信用大数据应用外，平台还与央行个人征信数据库实现互联互通，如图5-2所示。一是定期向央行征信数据库上传平台用户贷款、还款及逾期记录；二是共享央行征信数据，为用户实现在平台便捷获取信用贷款，降低金融服务获得成本，助推普惠金融服务在物流行业落地。

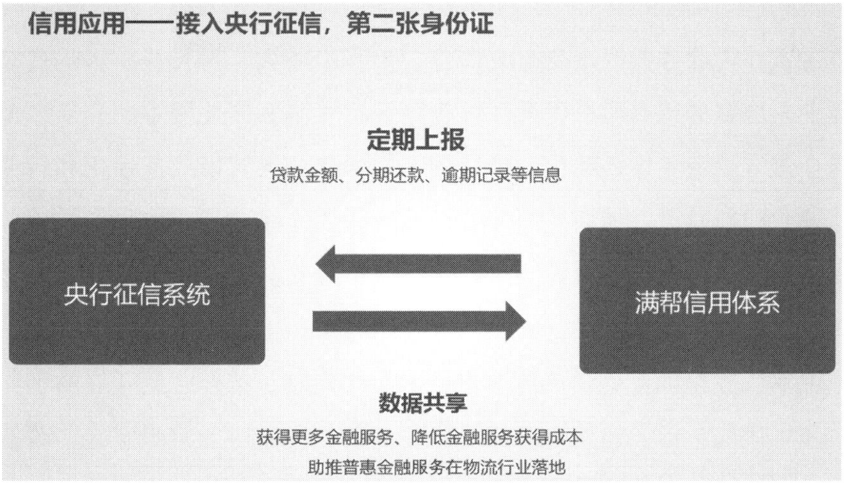

图5-2　平台金融服务示意图

第二节 以守信激励应用推动“诚信餐饮”建设

2016年国务院印发的《关于建立完善守信联合激励和失信联合惩戒制度 加快推进社会诚信建设的指导意见》明确指出，鼓励支持地方人民政府和有关部门创新示范，逐步将守信激励和失信惩戒机制推广到经济社会各领域。习近平总书记密切关注粮食安全，提倡“厉行节约、反对浪费”的社会风尚，强调“要加强立法，强化监管，采取有效措施，建立长效机制，坚决制止餐饮浪费行为，创新宣传教育，切实培养节约习惯，在全社会营造节约光荣、浪费可耻的饮食氛围”。“信易餐”作为一种新型守信激励推广形式，以信用为基础，为餐厅与消费者打造新型关系，利用大数据技术，根据信用评级指标体系，对守信主体进行信用等级评定，切实为守信主体提供优惠服务，有效引导更多的消费者诚信消费、理性消费。

一、需求分析

餐饮作为服务业的重要组成部分，以其市场大、增长快、影响广、吸纳就业能力强的特点而广受重视。各路金融资本和产业资本的介入，使餐饮行业进入投资主体多元化、经营业态多样化、经营模式连锁化和行业发展产业化的新阶段。为切实加强餐饮行业信用体系建设，增强餐饮服务单位食品安全诚信意识，有效落实餐饮服务单位食品安全主体责任，全面提升餐饮行业安全保障水平，确保公众身体健康和生命安全，打造“诚信餐饮”品牌，在全面推进信用体系建设工作的同时，结合已经开展的工作和进一步推进的工作，建立政府部门协同推动、行业协会组织实施、餐饮食品企业积极参与、信用责任有效落实的餐饮食品行业信用体系运行机制。通过加快推进餐饮食品企业信用体系建设，餐饮食品企业质量诚信和责任意识明显增强，企业普遍建立诚信的职业道德规范和依法经营的管理规章制度，违约、违规、违法等行为得到有效遏制；食品行业质量管理水平和产品质量稳步提高。

党的十八大以来，各地区、各部门贯彻落实习近平总书记重要指示精神，采取出台相关文件、开展“光盘行动”等措施，大力整治浪费之风。“信易餐”守信激励创新行动，通过提升服务、免交押金、提供优惠等形式激励企业和市民的守信行为，让守信企业和市民享受更多信用便利，加大守信激励机制建设力度，创新提供信用惠企、信用惠民产品和服务，提升信用建设水平和人民群众的获得感和幸福感，培养全社会良好的饮食节约习惯，让人民群众切身体会到“诚信让城市更便利、诚信让生活更美好”。

二、场景概要

“信易餐”作为守信激励创新推广行动，将围绕降低费用、提供服务展开，推动守信激励机制在餐饮行业全面落地。通过获取诚信等级，结合店铺优惠政策进行优惠付款。以信用为出发点，打造餐厅与消费者之间的新型关系，吸引更多的人诚信消费、理性消费。

明确“信易餐”对守信主体和守信个人可享有的优惠福利措施。利用大数据收集守信主体信息，并根据信用评级指标体系评定信用等级。根据守信主体的信用级别，落实“信易餐”优惠政策，使守信“红名单”主体享受更便利的餐饮服务，如网上订餐优先受理、菜品赠送、返代金券、消费随机减免、餐后礼品赠送等福利，提升“红名单”主体的餐饮体验质量，促进守信主体享受更加高效、便捷的餐饮服务。具体优惠措施由各餐饮企业门店根据实际情况制定。

三、技术架构

信易餐应用 App 系统架构包含七大部分：基础设施、数据库、数据层、业务层、展示层、前端 UI、访问层，具体系统架构图如图 5-3 所示。

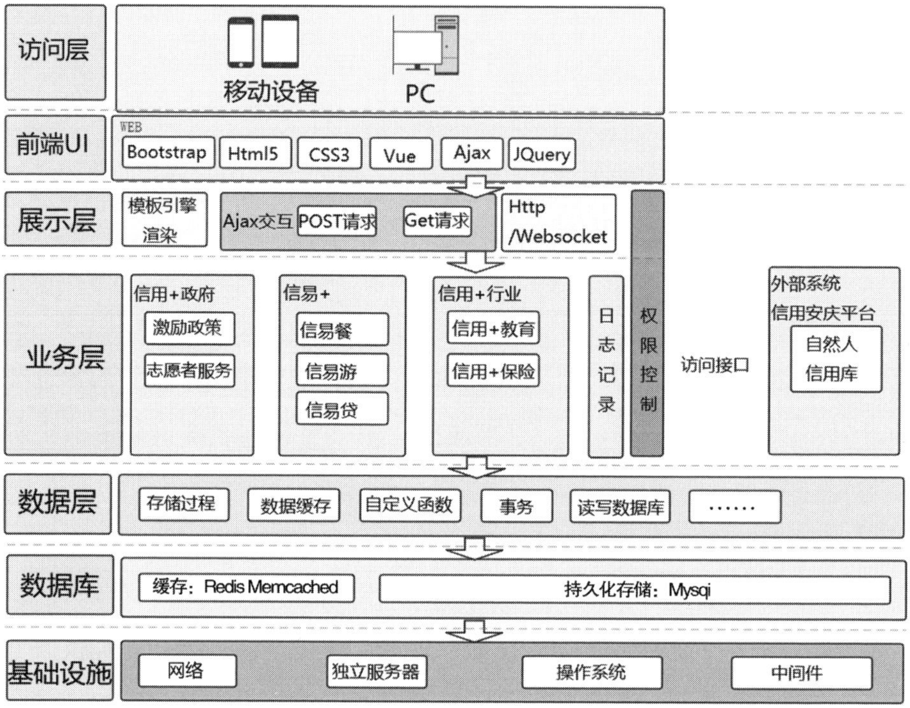

图 5-3　信易餐应用 App 系统架构图

信易餐应用 App 系统网络包含三大主体：信用安庆 App、互联网、安庆市民。通过信用安庆 App 接口服务器、信用活动服务器、数据库服务器，借助互联网，在 PC 客户端、笔记本、手机等平台展示信易餐应用 App 的功能。信易餐应用 App 系统建模流程如图 5-4 所示。

四、主要内容

“信易餐”应用 App 通过“信用安庆”网站、手机“信用安庆”App 渠道查询个人诚信分，依据《安庆市个人诚信分工作方案》对信用主体进行分级，对个人信用等级为“优秀”（AA 级以上）的居民实施信用激励措施。

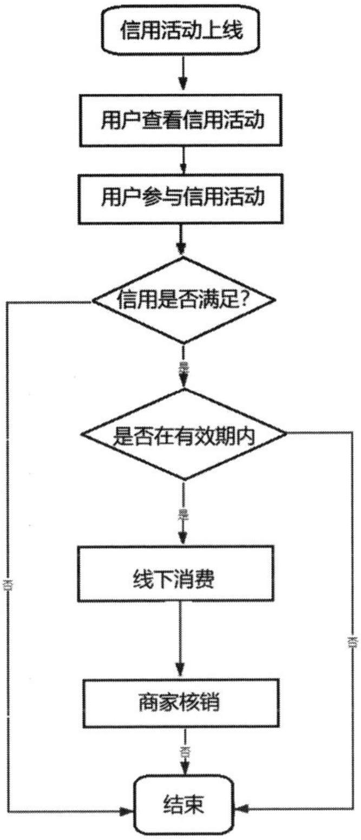

图 5-4　“信易餐”应用 App 系统建模流程图

1. 个人诚信分查询

以下展示为“个人诚信分”查询渠道，以供“信易+”对个人信用分进行个人信用创新应用。居民可通过“信用安庆”网站、“信用安庆”手机 App 查询个人诚信分。

2. 应用公共信用信息进行主体信用分级

按照《安庆市个人诚信分工作方案》，将个人信用等级分为 A、B、C、D 四个级别和 AAA、AA、A、B、C、D 六个等次。个人信用分采用千分制，默认自然人得分为 1000 分。自然人基本信息不得分，自然人优良信息作为加分项，在 1000 分基础上进行加分，自然人不良信息作为减分项，在 1000 分基础上进行减分，最后综合得出个人诚信分。

在个人诚信分基础上，确定 A、B、C、D 四个级别和 AAA、AA、A、B、C、D 六个等次。其中，AAA 级为信用极好级别，一般指有很多良好信息，且无不良信息；AA 级为信用优秀级别，一般指有较多良好信息；A 为信用良好级别，一般指有少量良好信息；B 级为轻微失信级别，一般指有少量一般失信信息；C 级为信用较差级别，一般指有较多一般失信信息；D 级为信用极差级别，一般指有大量失信信息、严重失信信息或黑名单信息。安庆市公共信用信息服务平台已添加“个人信用等级”查询模块，并按用户的信用分级结果信息进行归集，统一在平台展示。

3. 主体信用评定结果应用

根据“信易餐”工作实施方案，对个人信用等级为“优秀”（AA 级以上）的居民给予多种优惠措施，包括以下九大措施：一是提供免押金租借手机充电宝的便民服务；二是享受七天内补开用餐发票服务；三是享受消费菜金折扣优惠服务；四是享受免押金租借雨具的便民服务；五是享受免缴杜绝浪费押金的服务；六是享受订餐优先受理服务；七是享受菜品赠送的服务；八是享受返代金券的优惠服务；九是享受餐后礼品赠送服务。

五、创新亮点

依托安庆市公共信用信息共享平台和基础数据库，对“信易餐”服务应用场景的市场主体和个人开展信用等级评价，确定受评主体信用等级。通过“信易餐”守信激励应用场景创新行动，加大社会守信激励机制建设力度，让信用良好的主体和个人享受更好的餐饮服务，如开通“绿色通道”为守信顾客提供网上订餐优先受理、菜品赠送、返代金券、消费随机减免、餐后礼品赠送等福利。在保护主体和个人信息安全的前提下，将公共信用信息或个人诚信分供餐饮企业参考使用，提升用户餐饮体验，有效推进便利餐饮。

六、建设成效

目前，安庆市数家优秀的餐饮企业已推行“信易餐”应用场景，对诚信分良好的市民提供就餐优惠和便民服务。现已有超百人数享受到餐饮门店提供的就餐价格优惠的激励政策。“信易餐”守信激励创新应用场景为安庆市创建信用示范城市做出贡献。

第三节　溯源体系营造透明可信家政服务

为推动厦门市家政服务业创新发展，营造诚实守信的家政服务业发展环境，提升市民的获得感、幸福感、安全感，以《国家发展和改革委员会等 28 个部门关于印发〈关于对家政服务领域相关失信责任主体实施联合惩戒的合作备忘录〉的通知》《福建省商务厅等 7 个部门关于印发促进家政服务业发展八条措施的通知》《厦门市人民政府办公厅关于印发厦门市家政服务业补短板实施方案的通知》等有关政策为依托，通过建立市级家政服务消费溯源体系，构建家政企业、家政服务从业人员市级信用信息公共平台，链接信用大数据创新中心、公安背审系统、厦门市民个人信用分（白鹭分）系统、e 鹭安等多个市级系统，首创推出“家信卡”，为每一位家政服务人员建立权威、公正的信用记录、从业记录和培训记录。

一、需求分析

随着经济的不断发展，人民的生活水平大幅提高，老百姓对家政服务的需求不断增加，家政行业处于高速发展阶段。全国约 70%的城市居民对家政服务有需求，家政服务业蕴含着万亿元级的消费市场，有巨大的市场潜力，预计到 2025 年家政服务行业市场规模将达到 1. 4 万亿元。而在家政业如此光明的前景下，家政服务市场中的从业人员素质、社会认同、家政行业准则等问题越发突出。为保障家政业持续健康发展，必须加快建设家政市场诚信生态体系，提高行业规范化、人员专业化、服务人性化，实现溯源体系平台化。厦门市家政服务业一直坚持政府引导、市场运作相结合的原则，行业正处于高速发展阶段。尽管厦门市家政服务业水平领先，但仍存在以下四个方面的问题：

一是行业信息化水平低下。大部分家政企业缺乏信息化管理手段，管理功能不齐全，使得行业人员的职能信息残缺，无法有效地进行家政从业人员管理和行业信息共享。

二是行业人员素质混杂。家政行业存在从业人员入门无门槛、服务无监管、市场淘汰机制缺乏等现象，导致从业人员素质参差不齐，部分有不良犯罪记录、体检不合格、恶劣工作记录的家政从业人员依然在提供服务。

三是行业存在信息孤岛。家政服务行业欠缺行业信息共享交换机制，无法对家政企业、家政从业人员、消费者等主体的家政服务行为形成有效的监督和管理，市场机制无法发挥作用。

四是行业信用及溯源体系缺乏。针对厦门市家政市场合同制员工和中介制员工，市场遵循“谁雇佣谁负责”“谁招聘谁负责”的原则，整体缺乏有效的责任溯源机制，家政服务责任不明确，导致家政企业、家政从业人员、消费者的权益和利益受损。

二、场景概要

当前，我国家政服务业信用缺失问题较为突出。部分家政服务人员隐瞒真实信息，不按合同约定提供服务，偷盗雇主钱财、伤害老幼病残现象时有发生。部分家政企业以不正当竞争、哄抬价格、虚假宣传等手段误导消费者。这些现象损害人民群众生命财产安全，严重扰乱家政市场秩序，给家政服务业健康发展带来不利影响。因此，迫切需要建立一套完整真实的家政服务人员和企业信用记录，让消费者能知情、服务可查询。

家政诚信服务及消费溯源体系平台通过建立家政行业信用“红黑名单”，实施守信激励和失信惩戒，规范推行“家信卡”，旨在全国率先实现“政”“协”“企”“消”四位一体、全链条、全覆盖的家政诚信服务及溯源服务体系，解决行业信息化水平低下、行业人员素质混杂、行业信息孤岛、行业信用及溯源体系缺乏等问题，建立健全家政服务业行业信用体系，营造诚实守信的家政服务业发展环境。

三、技术架构

厦门市家政诚信服务及消费溯源体系平台基于公安部互联网+可信身份认证体系，打造产业链实名及实人认证。运用大数据分析手段，实现对信用数据、背审数据、人像轨迹数据、政府监测数据的分析、预测、预警，提高决策针对性、科学性和时效性，提升管理效能。采用人工智能技术，智能检索、智能过滤、智能人脸识别，为行业监管及家政企业、从业者及雇主提供智能化服务。同时，采用非互信加密技术，行业内企业数据可进行加密交互，数据不见面，避免企业经营数据泄露。

平台主要使用的数据类别有商户消费数据、工商注册数据、双公示信息等。对接公安数据库、信用服务数据库、人社局社保数据库及本地的不良行为数据库，已建立背景核查基础数据系统；对接工商注册数据，已建立企业基本信息数据管理；对接商户消费数据，已建立消费不良行为管理及警示黑名单管理。

家政诚信服务及消费溯源平台系统架构图如图 5-5 所示，主要包括主体层、应用层和展示层。

图 5-5　家政诚信服务及消费溯源平台系统架构图

四、主要内容

基于“诚信服务、安心用工”的理念，链接信用大数据创新中心、公安背审系统、厦门市民个人信用分（白鹭分）系统、e 鹭安等多个市级系统，首创推出“家信卡”，为每一位家政服务人员建立权威、公正的信用记录、从业记录和培训记录等，雇主（消费者）扫码即可查询，形成家政人员信息“可查询、可追溯、可评价”的完整体系。家政诚信服务及消费溯源平台主要包括“鹭岛家政”小程序、“鹭岛家政”App 及溯源平台。

1. “鹭岛家政”小程序及 App

雇主通过微信小程序“鹭岛家政”扫描家政服务人员的“家信卡”，即可核实家政服务人员的信用记录、从业记录、培训记录等。新冠肺炎疫情期间，还增加了“防疫健康”查询功能，对接国家健康码，实现了找家政更可靠、更放心。“鹭岛家政”小程序应用优势主要体现在以下三点：一是操作简便，关注小程序即可，无须下载软件；二是一键查询，扫描“家信卡”，信息一目了然；三是服务评价，提供家政服务人员在线评价及投诉渠道。

家政人员通过“鹭岛家政”App 在线完成信用信息授权和实名认证，

即可获得官方“身份码”——“家信卡”。上门服务时，出示“家信卡”，更加规范、可信。“鹭岛家政”App还融合了厦门市民个人信用分（白鹭分）系统，家政人员凭借良好的白鹭家政分，可以享受免押借阅、免押骑行、先享后付、资费减免、容缺受理等惠民服务。为方便家政人员出入小区等场所，“鹭岛家政”App为家政人员提供由厦门市公安局签发的全市统一的“e鹭安”平安码。“鹭岛家政”App应用优势在于：一是规范上岗，一人一卡，持卡上岗，上门服务更可信；二是快捷通行，持厦门“e鹭安”平安码，出入小区更便利；三是信用权益，凭借良好的白鹭家政分，享受专属民生信用服务。

2. 溯源平台

溯源平台为家政诚信服务建立可追溯体系，为家政企业、消费者及监管机构提供信息查询共享服务。其中，平台管理及应用按照角色可划分为政府端、家政公司端、家政人员端、雇主端。

（1）平台管理之政府端

溯源平台政府管理端的功能在于：一是提供家政企业信息一览表及详情查询。二是汇总家政企业、在岗家政员、接单数量，统计家政企业的投诉、差评、好评数据。政府借助家政诚信服务溯源平台管理端的功能，有利于推进行业治理体系现代化，强化信用监管，营造诚实守信的行业环境，促进家政服务业高质量发展，推行“红黑名单”管理。

（2）平台管理之家政公司端

溯源平台家政公司管理端的功能在于：一是对家政人员进行“人证一致”背审及入离职管理；二是可轻松管理旗下家政人员，查看所属员工接单总量及被投诉数据等。企业借助该平台的功能，有利于打造企业诚信化、实现企业品质化发展，提升服务质量、品牌价值和社会公信力，帮助企业做大做强。

（3）移动应用之家政人员端

家政从业人员通过“鹭岛家政”App应用端，进行实名认证。家政从业人员授权及生成系统“家信卡”，有利于信用记录良好的服务人员更多获得企业推荐，获得消费者信任，提高个人收入，增强服务人员的职业归属感和自豪感。

（4）移动应用之雇主小程序端

雇主通过登录“鹭岛家政”微信小程序，扫描从业人员“家信卡”，查看家政人员详细信息，同时该程序具备防疫健康查询功能，对接国家健康码，将家政人员的新冠肺炎风险等级标示。同时，对接犯罪背景审核系统，按审核结果分别标注。通过“鹭岛家政”微信小程序，帮助雇主了解家政从业人员的真实信息，选择背景可靠、技能熟练、从业经历良好的服务人员。雇主还可以查看自己全部的雇佣服务，并对历史服务进行评价和投诉。

五、创新亮点

家政诚信服务及消费溯源体系平台具有诸多创新亮点，主要体现为以下三个方面：

1. 建立家政行业信用“红黑名单”，实施守信激励和失信惩戒

建立家政服务业联合惩戒机制，探索建立家政服务领域信用“红名单”和“黑名单”，加大守信联合激励和失信联合惩戒力度，对信用等级较高的家政企业减少监管频次，提供融资、租赁、税收等便利服务，打造具有全国影响力的家政龙头企业。面向社会各界，引导消费者优先选择信用记录良好的家政企业和家政服务员，形成消费诚信导向。

2. 规范推行“家信卡”，信用记录可查询

面向厦门市家政从业人员，规范推行厦门市“家信卡”，“家信卡”为每一位家政从业人员建立权威、公正的从业记录及信用记录，消费者可通过移动应用程序查询上门服务的家政从业人员的信用记录和从业记录，并可对家政从业人员进行第三方评价，为每个家政从业人员建立第三方权威、公正的从业记录，不断充实行业信用记录，并实现“可查询、可追

溯、可评价”功能。

3. 权益需求对接，完善服务系统

家政诚信服务及消费溯源体系平台还提供政策发布、行业动态、家政企业信息、家政从业人员信息、培训信息、家政保险、电子合同、消费者投诉及评价体系、供需对接等，通过市场导向等手段来维护多方合法、合规的权益和利益，由行业协会协助解决行业纠纷，建立健全第三方调解机制，保障行业规范运作。

六、建设成效

通过家政诚信服务及消费溯源体系平台，建立家政服务从业人员信用档案、建立家政服务领域信用“红名单”和“黑名单”、实施守信激励和失信惩戒，促进诚信消费。

该平台在厦门市率先启用，截至 2020 年 8 月，已完成近 50 家规模家政企业接入服务，近万名家政从业人员建立了诚信档案。

随着平台推广，未来厦门全市家政企业和 3 万多名家政服务人员的信用记录将不断完善健全。以厦门为中心，平台将辐射海西地区甚至成为全国性的信用创新试点示范应用。

第四节 “家服 e”助推行业规范化管理

家政服务业是重要的民生服务业，关乎千千万万家庭的幸福安康。为认真贯彻党中央、国务院、省委省政府推进社会信用体系建设的总体部署，积极落实国务院常务会议关于促进家政服务扩容提质的具体要求，江苏省加快推进“家服 e”家政服务业信用体系平台的建设，构建以信用监管为核心内容的家政服务市场新型监管机制。江苏省“家服 e”平台通过互联网技术的植入，实现家政企业“一企一证一码”持证经营，服务人员“一人一卡一码”，让消费者在选择家政企业及服务人员时做到心中有数。通过家政企业及服务人员守信激励和失信惩戒并举的方式，推动江苏省家政行业建设诚信之路。

一、需求分析

随着人们生活水平的提高以及家庭人口结构的变化，家政服务已成为不少家庭的“刚需”。相关数据显示，全国家政服务行业规模连续 3 年保持 20%的年增长率。虽然市场发展空间巨大，但家政服务的质量却有待提高。在《2019 江苏服务业公众满意度测评分析报告》中，家政服务的满意度排名位列 10 个重点行业服务的第 8 名。家政服务业主要存在信息不对称、收费混乱、服务水平不一、售后服务保障难等问题。具体表现为：一是从业人员服务质量不高，拥有较高专业素质、较强服务技能的家政服务人员数量总体偏少；二是企业小、散、弱特点明显，连锁化、品牌化经营的比例很低；三是市场存在无序竞争，行业诚信不足，服务人员不安心工作，消费者存在不放心消费等现象。

家政服务信用体系平台的建设具有其必要性，以下主要从家政整体行业、家政企业、家政服务人员及政府四个层面进行阐述：

从行业来看，新中国成立后，特别经过近二十年的发展，家政行业已经成为一个大市场，事关家庭福祉，事关“一老一小”照料保障。就是这样一个市场，全国近 67 万家家政企业普遍规模较小，离散经营，资源闭塞，普遍缺乏经营监管；2800 多万名从业人员未经过身份认证、犯罪记录、健康状况认证，鱼龙混杂；行业发展滞后，在新时代互联网背景下，整体发展跟不上消费市场变化。急需要建立这样一个平台，通过市场化的筛选，基于信用体系及大数据让优质企业成为标杆、让优质服务人员成为榜样、让消费体验升级、让行业提质扩容，满足人民对幸福生活日益增长的诉求。

从企业来看，在全国范围内，大部分家政企业由于自身经营思维落后，优质人才缺失，自身经营发展乏力，缺乏有效的互联网工具、有效的流量导入、有效的供应链资源整合，使企业发展举步维艰，急需这样一个平台给予其发展的助推和赋能。

从服务人员来看，家政行业服务人员就业难、培训难、城市生活难，家政企业普遍只提供居间中介服务，缺乏对服务人员的自身素质提升、福利保障、工作安全保障、法律保障等整体服务，这也使得服务人员自身无法满足消费市场的用工需求，导致市场好阿姨难求，供给侧服务人员找不到工作。

从政府来看，在中国整体经济结构性改革的今天，家政行业作为一个吸纳大量就业人群、消费潜力亟待挖掘的大市场，规范行业、让行业健康、诚信、规范、快速发展成为政府的重要工作，而通过平台作为抓手可以更好地进行数据化监管、数据化指导、数据化分析，最终实现行业提质扩容。

二、场景概要

“家服 e”家政服务业信用平台包含 PC 网站、手机 App、小程序。消费者可根据诚信点评排行进行便捷下单，家政企业及服务人员可以通过系统进行管理和接单，提升工作效率。平台可以根据地理位置以及信用等级，将服务订单匹配给合适的家政企业，家政企业根据地址位置和信用等级，推选合适的服务人员。“家服 e”家政服务业信用体系平台的推广应用，促进江苏省家政服务业提质扩容，更好满足人民群众日益增长的多层次多样化家政服务需求，推动了江苏省经济社会的高质量发展。

三、技术架构

“家服 e”信用信息平台的架构模式采用了前后端分离的架构模式。前端进行了视图组件化封装，可快速搭配出图和表的自定义布局。另外还提供图表混合展示、热点地图方式、页面嵌套等复杂渲染能力。后端支持多种数据源，包括 MySQL、Oracle、MongoDB、ElasticSearch 等，同时也支持通过 Http 接口获取自定义的数据源。对所获取的数据可以通过语法引擎对自定义 SQL 语句进行处理，数据展示渲染可通过自定义 JS 脚本等进行二次处理。系统内置组件化控件，抽象出统一导出数据行为，可快速对所见结果数据进行下载导出。在安全方面，系统隔离了数据的 ddl、dml 和 dql 等行为，并对 SQL 注入做了统一拦截。在权限隔离方面，按应用、按角色进行分组，精确控制每个员工的数据和功能范围。“家服 e”系统架构图如图 5-6 所示。

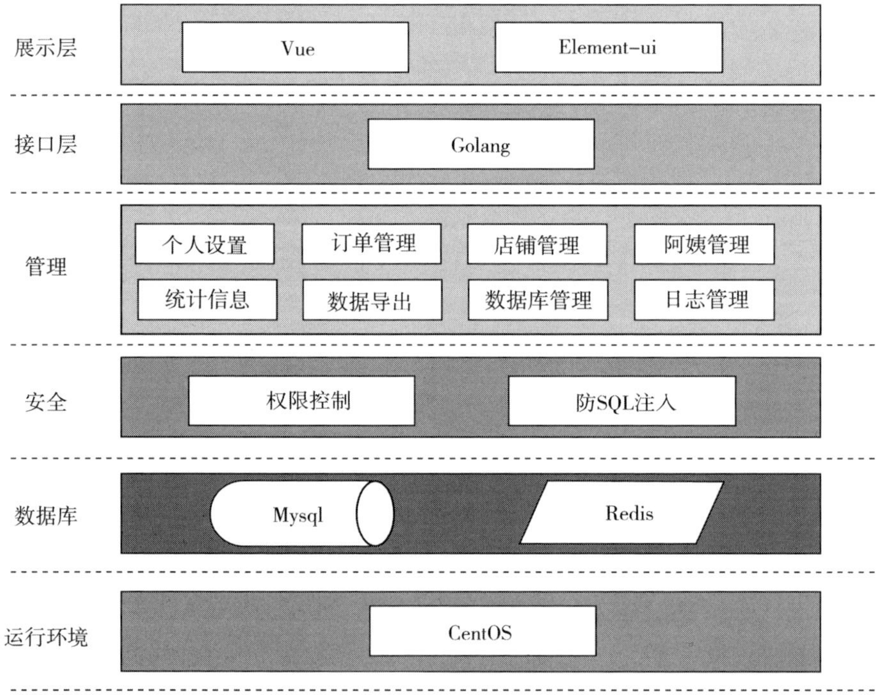

图 5-6　“家服 e”系统架构图

四、主要内容

1. “家服 e”大数据产品架构图

“家服 e”大数据产品主要由：访问终端、数据呈现范围、用户角色、后台管理四个部分组成，产品架构如图 5-7 所示。

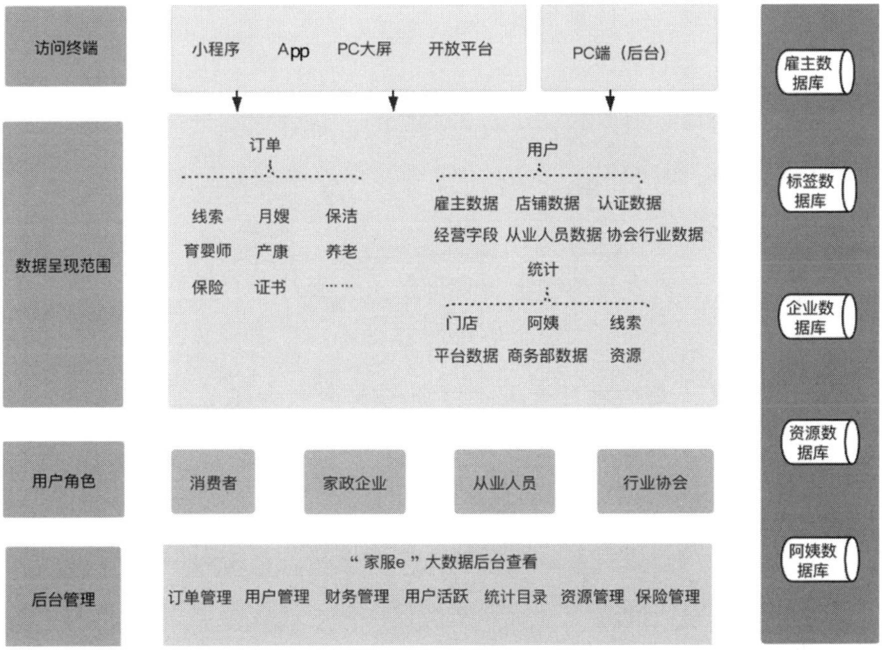

图 5-7　“家服 e”大数据产品架构图

2. “家服 e”应用界面

“家服 e”家政大数据应用界面用于呈现全国各个省市的家政信用信息大数据特征，方便有效地帮助当地行业协会掌握本地家政行业情况，作为政策制定的辅助。

3. “家服 e”后台查看

“家服 e”用户数据查询后台界面的功能是查看每个城市和总部“家服 e”平台运行数据和呈现效果。

同时，“家服 e”后台还具有斑马订单列表、家政公司订单、线索列表、店铺列表、店铺阿姨列表、活跃漏斗表、活跃分组用户表等统计分析与查询功能。

（1）斑马订单列表

斑马订单列表是对斑马运营内容订单管理查询的功能模块，支持订单信息维度、时间维度、区域维度等多维度复合查询。通过筛选项选择，可查询对应订单信息，支持复合查询。

（2）家政公司订单

家政公司订单是对家政公司购买消费的订单管理查询的功能模块，支持订单信息维度、时间维度、商品信息维度等多维度复合查询。

（3）线索列表

线索列表是对线索订单的管理查询模块，支持对订单信息维度、用户维度、区域维度、时间维度等多个维度复合查询。通过筛选项选择，可查询对应线索信息，支持复合查询。可在列表中查看跟进记录，查询对应信息。

（4）店铺列表

店铺列表是对门店数据管理查询的功能模块，支持对门店的业务类型维度、区域维度、时间维度等多维度复合查询。通过筛选项选择，可查询对应店铺信息，支持复合查询。

（5）店铺阿姨列表

店铺阿姨列表是对服务人员综合数据管理查询的功能模块，支持阿姨数据维度、店铺数据维度、区域维度、时间维度等多个维度复合查询。通过筛选项选择，可查询对应阿姨信息，支持复合查询。

（6）统计中心—活跃漏斗表

活跃漏斗表是通过模型运算设定四个活跃等级，根据用户活跃大数据分析，进行统计展示的功能模块。可通过模块筛选、时间维度筛选，查看不同维度的活跃统计。

(7) 统计中心—活跃分组用户表

活跃分布图是统计不同时间段，用户访问量、创建数、支付数等数据的功能模块。可查看各个时期用户活跃程度，从而判断用户需求偏好维度。

五、创新亮点

1. 技术模式创新点

“家服 e”平台在技术模式上的创新包括以下 7 个方面：一是开发了企业“一企一证一码”的持证经营、家政服务人员“一人一卡一码”的信用信息共享，完成企业及家政服务人员的在线电子备案、信用考核评估；二是为消费者提供了投诉仲裁和联合惩戒功能、在线预约服务功能；三是为企业经营管理提供了在线合同签约、客户管理、服务师管理、在线购买保险、在线培训、在线收银、在线营销等功能；四是为家政服务人员开发了人脸识别系统，完成家政服务人员在线授权和使用其信用信息；五是为政府和协会开发了管理平台使用的后台系统，从而加强对行业的信用监管；六是开发了企业、服务师主页实现了企业信用信息展示、企业经营项目展示、企业服务人员展示、企业评价展示、服务师信用信息展示、服务师简历展示、服务师评价展示；七是以家政企业及家政服务人员的信用信息为基础，依托大数据技术，实现家政行业的大数据看板、分析和报告。

2. 奖惩机制创新

完善家政行业的信用奖惩机制。一是企业信用分等定级申报及企业信用权益及赋能体系，即按照等级不同，给予不同权益支持，比如订单、劳务资源、保险优惠、贷款、政策导向等；二是服务人员信用分等定级及服务人员信用权益及赋能体系，即按照等级不同，给予不同权益支持，比如上岗机会、消费优惠、培训优惠、体检优惠、上网费优惠等；三是在平台上实现红黑榜单功能，通过发布企业红黑榜单、服务人员红黑榜单，进一步约束失信企业及家政服务人员。

六、预期成效

首先明确平台针对的企业，不应该只是传统家政企业，也应该包括到店服务的月子会所、养老机构、产康机构、母婴机构等。

平台盈利来源于企业打造的家庭服务业生态，而非来源于订单。平台对接一切可对接的渠道，包括各省市政府类智慧城市 App 和政府类信用 App、连锁商超、社区便民点、物业网点等，尽可能帮助家政企业把生意做好，这样才能让企业更好地生存，对平台的黏性更强。

家庭服务业生态带来的盈利主要由以下六个部分组成：一是资源整合收益，企业统一在平台购买保险，保险对平台的返佣会更多，在企业成本不提高的基础上，能有保险收益；二是服务师供给收益，打造共享培训学校，整合师资，让每个家政企业都能拥有属于自己的培训学校，通过高质量的师资输出、课程输出获取收益；三是商业模式输出收益，让做不了高端保洁的企业能做高端保洁、让做不了月子餐的企业能做月子餐、让做不了产后康复的企业能做产后康复等，让企业增加盈利项目，在提升平台企业业绩的同时，让平台得到收益；四是企业管理咨询收益，打造校企合作，实现结构性的经理人培训体系，在叠加学历教育，提升企业经营者、创业者素质能力的基础上，平台赚取培训和咨询收益；五是企业服务收益，为企业提供财务代账托管、法律顾问、项目申报等企业服务，在为企业解决问题的同时，平台得到相应佣金；六是金融、住宿、实物商品的销售在未来也能成为平台新的利润来源。

本章结语

近年来，“货拉拉女用户跳车事件”“网红餐饮店添加罂粟壳”“杭州保姆纵火案”等案件的发生，反映了在“互联网+”下传统行业存在失信行为认定难、失信成本低、失信频率高等问题，用户权益频繁受到侵害。本章服务于行业发展的四项案例通过准确刻画主体信用画像，方便用户选取优质的服务提供方，从而实现需求和供给间的合理配置。“物流运输行业应用”构建物流行业信用大数据模型，以信用为媒，以线上平台为介，促成物流供需方的高效合作。“信易餐”构建餐饮行业信用大数据模型，在餐饮与消费者之间搭建诚信桥梁，为守信主体提供优先推荐、优惠买单等优惠和便利。“家政服务业信用体系平台”和“家政溯源平台”致力于以信用大数据解决家政行业管理痛点难点问题，从政府监管、行业管理、消费者监督等多维角度推动家政服务业走上管理规范、从业诚信、消费放心的建设道路。

“十三五”时期，随着信用大数据的数据挖掘能力和数据价值的不断提升，行业建设和管理从以经验为依据的粗放式管理逐步转向为以信用大数据为驱动的精准式管理。现阶段，信用大数据已广泛应用于农业、采矿业、制造业、建筑业、交通仓储邮政业、住宿餐饮业、金融业、房地产业、租赁和商务服务业、教育业、生态保护和环境治理业等领域，初步建立起以行业主管部门、行业协会商会、企业、重点职业人群为主体，以信用大数据为手段，以优化行业精准监管、行业风险预警、行业资源配置等为目标的行业信用应用格局，切实解决了市场主体间的信息不对称问题，提高了市场主体的失信成本，有效降低了行业监管单位对失信行为认定的难度，提高了对全行业的监管效率，实现了行业资源的精准、高效配置。

未来，随着信用大数据在行业中的深入应用，现有的行业生态将逐步改变，传统的一个行业、一套体系将逐步向一套体系、多个行业方向转变，行业边界将进一步模糊，行业主体尤其是混业经营企业和复合型人才将具有更强的市场竞争力。一是行业主管部门等监管主体将从行业监管逐步向行业服务转变，由于信用大数据的广泛应用，监管主体的监管成本将逐步降低，将有更多余力用于协助行业应对发展风险，提升企业的自我管理能力，合理调配资源扶持朝阳产业发展和引导夕阳产业转型。二是行业风险将从事后处理逐步转向事前预警，在信用大数据应用下，行业监管主体将能够更加准确地掌握企业的财务、生产、物流等方面的信用信息以及从业人员信用信息，对企业可能存在的失信风险进行提前防范和及时提醒，提升管理效能。三是信息获取将从“点”到“面”转变，即从掌握部分企业信息向全面掌握所有企业信息方向转变。有研究显示，现阶段我国中小企业数量占据全行业的90%左右，其信用信息散落在各行业主管部门之中，数据壁垒难以打通。随着信用大数据的广泛应用，行业主管部门将掌握全行业主体的信用信息，有助于各类政策措施精准制定和渗透。四是行业发展将从传统模式转向与互联网、大数据深度融合发展的模式，行业建设将向平台化、数据化方向转变，行业发展将实现“万物互联”，各行业、各主体间的信用信息将完全打通，以信息为基础的资源配置机制将更高效，用户也将获得更加低廉、更加优质的服务。五是行业企业将从单一领域、单一业务向多维领域、多种业务方向转变，随着监管成本的下降，企业将得以从单一行业、单一经营范围中解脱，未来企业可以涉猎多重领域，经营范围将逐步扩大，行业界限将逐步模糊，市场活力将进一步增强。

第六章

综合金融

随着大数据时代的到来，各类数据正呈几何级数增长，对大数据的研究与应用正在逐步渗透到人类社会的各个角落。金融行业作为数据最密集的行业之一，无疑是这场数据风暴的重要参与角色。研究信用大数据在金融领域中的应用及其带来的影响，对未来分析问题与应对挑战具有重要的现实意义。在大数据时代下，只有针对金融领域与大数据的融合发展提出相应的策略，才能够更好地促进我国金融的变革与发展。

第一节　征信赋能中小微企业信贷

中小微企业是我国国民经济中的重要组成部分，是推动我国经济发展和社会进步的重要力量。然而，融资难这一问题一直制约着中小微企业的发展。用征信大数据赋能小微企业信贷解决方案能够突破银行业金融机构传统信贷模式。这一方案运用了包括大数据实时征信技术、征信行业区块链技术等在内的数十项核心技术，以线上化、互联网化、智能化的信贷模式从贷前、贷中、贷后解决银行的获客问题、资产信用评估问题和风险监控问题。征信赋能小微企业信贷解决方案扩大了银行业金融机构服务小微企业的覆盖面，也提高了服务效率，实现了良好的社会效益和经济效益。

一、需求分析

中小微企业是我国国民经济和社会发展的生力军，在稳定增长、促进创新、增加就业、改善民生等方面发挥了重要作用。然而，融资难、融资贵、融资慢一直是影响小微企业发展的症结。究其原因，主要是由于小微企业经营特征与金融机构传统信贷模式之间存在矛盾。

在传统信贷模式下，一些大银行面对小微企业融资需求，存在“不敢贷、不愿贷、不能贷”的问题；而中小银行发展不充分，难以为小微企业提供更多信贷渠道。因此，解决小微企业融资难题的关键在于破解传统信贷模式症结——从贷前获客准入筛选、贷中审批决策、贷后风险预警等全流程破解银行业传统信贷业务的痛点难点。传统信贷模式的痛点主要包括以下三个方面：

1. 贷前准入筛选问题

小微企业具有企业规模小、区域分布广、经营差异性大、信用记录不完善、生命周期短、缺乏自有资本积累等经营特征。银行在对小微企业进行贷前筛查时常常面临金融风险大、业务成本高、获客成本高等问题，主要体现为：首先，企业信息难掌握、企业资质差、无抵押、无担保；其次，传统银行线下人工作业费时费力，以及信贷环节多，企业风险评估难；最后，企业小、金额分散，传统银行缺少有效的标准化产品。

2. 贷中审批决策问题

小微企业不具备大中型企业的组织规模、治理结构，信息透明度低，银行难以获取用于评估企业风险的必要信息及真实经营数据信息，因此，利用传统的信贷评审方法，难以精准衡量和把控小微企业的风险。同时，由于小微企业的资金来源多是自有资金，信贷需求以信用贷款为主，申请信贷时，缺少必要的抵押品，这就对精准评估企业风险提出了更高的要求。

3. 贷后风险预警问题

传统银行贷后风险预警在小微企业贷后管理上存在巨大挑战，表现为：一是采用“线下人为监控+强规则判定”的方式进行贷后预警管理，预警体系不灵活，耗时耗力；二是传统银行的数据定期更新，无法满足实时预警需求；三是贷后预警数据源少，考虑风险维度单一，无法全面有效捕捉客户风险；四是贷后预警系统前瞻性较弱，通常“触发即滞后”。

因此，突破传统小微企业线下信贷模式，以线上化、互联网化、智能化的信贷模式从贷前、贷中、贷后全流程破解银行业传统小微信贷业务症结成为小微信贷业务发展的必然趋势。

二、场景概要

征信赋能小微企业信贷解决方案是通过信贷流程自动化、风控模型精准化、服务内容模块化等技术手段，为以银行为主的金融机构提供大数据征信和智能风控服务，精准覆盖产品和流程设计、贷前获客、贷中审批决策及贷后风险监控的全流程，实现以下四大功能：一是使金融服务突破物理网点和营业时间的限制，覆盖更多的中小微实体企业；二是对企业进行深度分析和交叉核验，精准企业“画像”，破除银企信息不对称问题；三是通过大数据、模型策略、互联网等技术重塑信贷流程，为银行实施线上化改造，提升银行服务效率；四是对企业多维数据信息进行全面挖掘与应用，准确还原企业真实经营状况，有效甄别信用资质差、逾期、失信的客户，全面提升金融机构风险管理水平。

三、技术架构

1. 架构设计思路

征信赋能小微企业信贷解决方案主要为金融机构提供大数据征信和智能风控服务。其中智能风控服务以大数据征信为基础，因此构建一个高效、稳定的大数据征信平台成为能否全方位助力金融机构开展小微业务的关键点。除此之外，还包括构建认证授权、辅助管理、接入接出网关适配器、银行前置、异常处理等模块。该方案在架构设计层面着重从以下几个方面进行考量：

（1）大数据征信整体架构设计

提供多种平台以及工具来助力大数据征信系统，包括多种数据源的数据采集平台、一键数据同步平台、数据质量和建模平台、元数据体系、数据统一访问平台、实时和离线计算平台、资源调度平台。

（2）分布式多中心架构体系

设计分布式多中心架构体系来适应金融行业快速、多变的业务需求，按业务类型划分为金融中心架构体系和非金融中心架构体系。考虑到金融行业相关业务的特殊性，金融中心架构体系服务在安全设计、部署环境方面要求更加严格，以此保障金融中心架构体系服务的安全性、高可用性和可扩展性。不同架构体系之间服务业务迭代更新互不影响。

（3）可配置化接入接出网关适配器

在数据采集方面，数据源来自不同渠道，接入协议与方式存在差异，这对引入新的数据来源渠道带来巨大的困难。通过研发可配置化接入接出网关适配器来解决接入新数据源渠道难的问题，开发人员只需通过配置的方式完成复杂的渠道接入问题，适用于不同协议、不同报文格式。

2. 整体应用架构

整体应用架构主要包含大数据征信平台、底层存储、应用服务层、公共服务层、渠道层。层与层之间相互依赖、相互交互，为金融机构渠道提供大数据征信和智能风控服务。整体应用架构如图 6–1 所示。

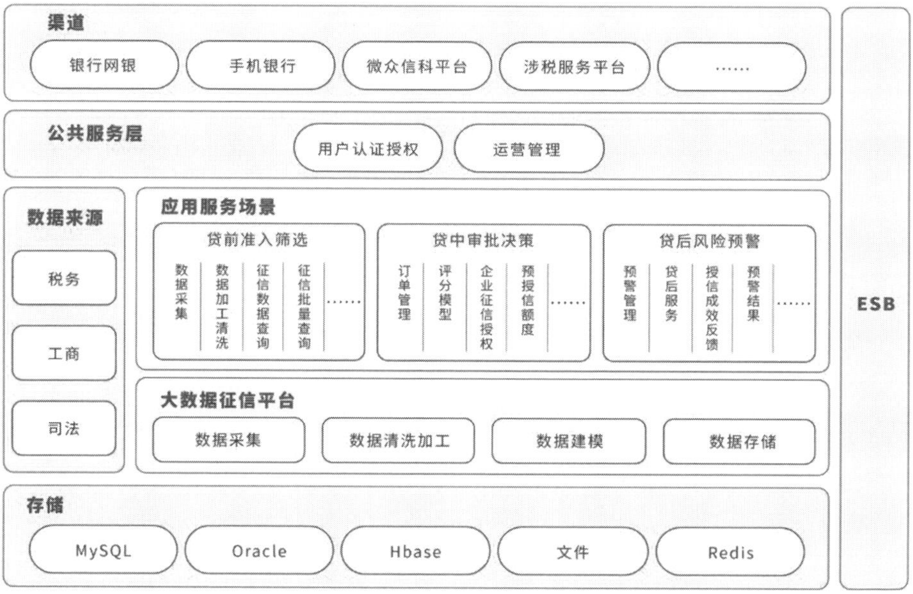

图 6–1 征信赋能小微企业信贷解决方案整体应用架构图

其中，大数据征信平台采用一套先进的大数据征信系统，可形成高效稳定的数据作业平台，能够将业务链条中的各个环节和相互间的关系，映射成对数据集、数据关系和处理逻辑的管理，通过对数据流程的创建、组合、调度和监控，将业务流程管理转化为数据流程管理，以实现对征信需求数据的快速响应。

大数据征信平台系统架构底层存储为征信数据、业务数据存储落地，包括关系型数据库、分布式存储、内存数据库、文件。应用服务层为业务应用服务，包括从贷前、贷中、贷后为金融机构提供征信数据、预授信额度、订单管理、贷后预警等业务服务。公共服务层为整体系统的公共模块，包括用户认证授权、运营管理。渠道为金融机构相关接入渠道，包括银行网银、手机银行、微众信科平台、第三方渠道平台等。

3. 系统技术架构

系统技术架构图如图 6-2 所示，主体包括数据库平台和应用服务两部分，同时提供监测管理、审计及授权准入、异地备份等安全保障服务。

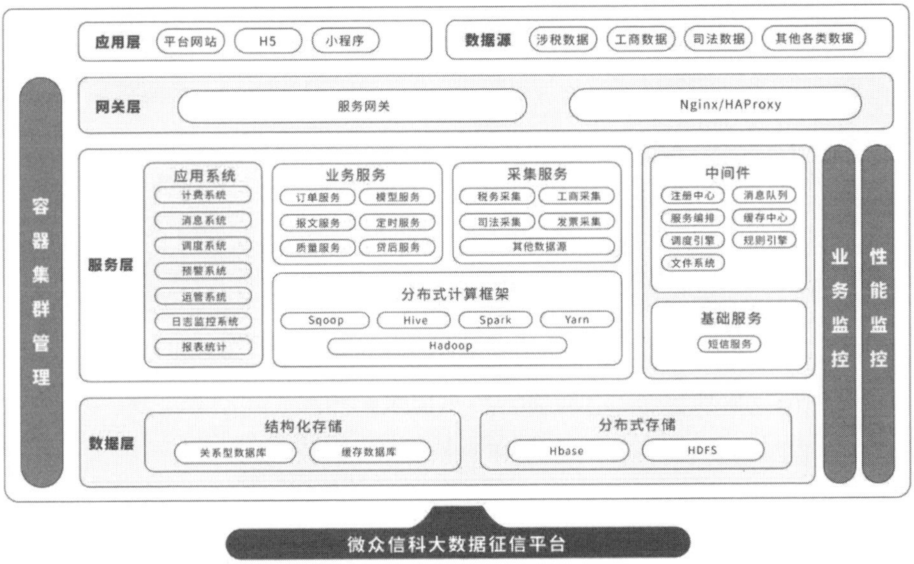

图 6-2　大数据征信平台系统架构图

四、主要内容

征信赋能小微企业信贷解决方案借助大数据、人工智能、云计算、区块链等创新技术，重塑传统小微企业信贷模式，通过信贷流程自动化、风控模型精准化、服务内容模块化等技术手段，为以银行为主的金融机构提供大数据征信和风控服务，精准覆盖产品和流程设计、贷前获客、贷中审批决策及贷后风险监控全流程，提升金融机构整体风控能力。

1. 贷前全方位引流、准入筛选

在企业申请阶段，为银行提供全方位的引流服务，与银行合作推出的信用贷款服务放置在银行（银行网点、网上银行、微信通道）、微众信科服务平台（PC端、移动端）、第三方渠道平台（电子商务平台、企业认证平台）等平台上，小微企业通过点击产品链接即可申请信用贷款。

此外，采用特定模型算法，结合金融机构个性化筛选条件，对目标区域的海量企业进行分析、计算与筛选，帮助金融机构精准定位企业客户群体，降低获客成本，提高营销效率。经企业授权后，可调取企业的信用画像及标签，实现贷前业务的数据化和智能化。

2. 贷中审批决策服务

平台从涉税数据中提取出约121类、2800项适合金融场景的数据指标，通过整合工商、司法、黑灰名单等数据，为金融机构提供全方位的企业征信报告，详细反映企业的稳定性和经营情况，实时在线辅助银行决策审批系统。此外，建立以数据驱动的审批策略，采用规则加模型的方式，实现整个信贷流程全线上化审批，审批决策机制设计如图6-3所示。

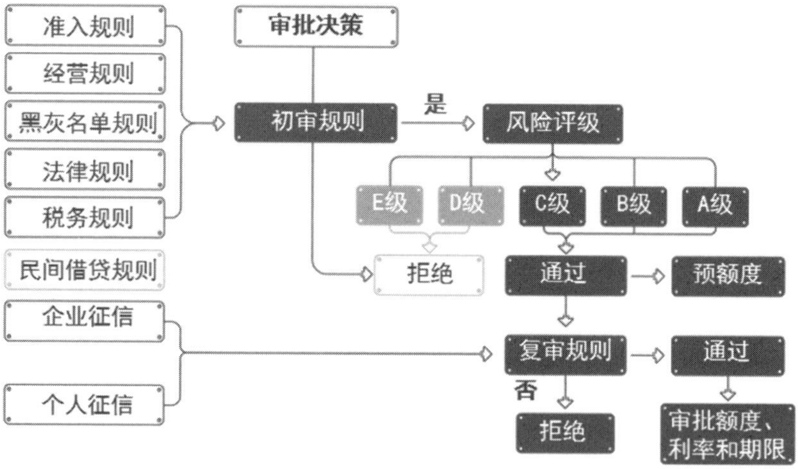

图6-3　审批决策机制设计

3. 贷后实时风险预警

通过为银行提供贷后监控预警模型，设置经营状况、纳税行为和上下游信息等关键指标，建立评分模型，输出企业贷后风险等级，辅助银行根据不同风险等级采取不同的贷后管理措施。将传统的客户经理自下而上的贷后管理模式变为新型自上而下的模式，有效提升贷后管理效率和质量，同时规避道德风险。

综上，征信赋能小微企业信贷解决方案能够突破银行业金融机构传统信贷模式，以线上化、互联网化、智能化的信贷模式从贷前、贷中、贷后解决银行的获客问题、资产信用评估问题和风险监控问题，具体体现为：一是让银行找到符合要求的小微企业；二是正确评估企业的执行能力，即企业的资产水平和信用能力；三是帮助银行持续跟踪、防范放款之后的动态风险；四是帮助银行建立在线化、自动化、批量化、智能化的审批流程，提升银行服务更多小微企业的能力。

五、创新亮点

1. 技术创新点

征信赋能小微企业信贷解决方案包括大数据实时征信技术、企业身份认证技术、贷后风险监控技术、征信数据采集技术、征信行业区块链技术在内的数十项切合目标市场的核心技术。其中，大数据实时征信技术应用于银行贷前授信评估领域，能够帮助银行实时获取企业征信报告；企业身份认证技术适合一系列应用场景，能够提供不同场景下的企业身份认证授权；贷后风险监控技术应用于银行信贷风险控制领域，满足评估贷款授信企业经营成效的需求，判断信贷资金的风险情况；征信数据采集技术可解决重复数据的采集问题，对重复的内容进行判断、存储、优化，减少无效的资源浪费；征信行业区块链技术是基础技术平台，能够较好地解决征信场景的业务技术痛点。

2. 商业模式创新点

征信赋能小微企业信贷解决方案的商业模式创新主要体现在：一是为中小微企业提供信用评价服务。与传统的人工调查、主动提交、以金融信息为主的企业征信相比，该方案引入中小微企业的涉税经营数据、工商数据和司法数据等替代数据，采用大数据实时征信技术，衡量企业的稳定性和经营情况等信用状况，为中小微企业进行信用评价，实现精准画像，助力解决中小微企业信用评价缺失的问题。二是为金融机构提供风险决策服务。与传统的财务指标分析、人工审批相比较，该方案引入量化驱动和机器学习技术并结合统计模型和专家决策等方法，运用多维度风险指标和丰富的决策规则，形成覆盖众多业务场景、贯穿贷前贷中贷后全流程的九大类风险决策模型，为金融机构实现了线上化、自动化、批量化和智能化的信贷决策支持，帮助金融机构降低运营成本和风险成本。三是基于信用科技的技术能力辅助银行建立线上化、自动化、批量化、智能化的中小微企业信用贷款业务模式。与传统的中小微企业信贷模式下信贷员的线下拜访、人工调查、人工逐笔审批比较，该方案引入快速实现、灵活应用的中小微企业信贷一体化解决方案，为金融机构实现了客户引入、系统完善和能力提升，缓解了中小微企业“融资难、融资贵、融资慢”的问题，实现了良好的社会和经济效益。

六、建设成效

征信赋能小微企业信贷解决方案通过企业大数据征信实现对小微企业经营画像的精准刻画及风控识别，有效拓展传统银行业务无法触达的长尾客群，提高小微贷款的可及率和可得性。据合作银行统计，2017 年至 2018 年期间，合作产品申贷企业中超过 95%为小微企业；平均获贷率约 15%，且超过 81%的获贷企业为首次获得银行信用贷款。

该方案由征信系统自动获取、清洗和整理数据及分析计算结果，与金融机构业务系统实现秒级数据交互；并运用大数据分析技术构建在线决策引擎，实现在线自动审批，大大缩短了贷款审批时间，提高了贷款申请与审批效率，也极大地降低了银行审核成本（相比人工）。目前合作的纯线上产品，企业从提交申请到审批通过平均用时不超过30分钟；部分产品从申贷到获得资金用时不超过5分钟。

该方案在帮助金融机构解决小微企业融资难方面的成效主要有以下三点：一是服务的客户覆盖中小微企业，尤其是小微企业，服务了以前不好服务、不敢服务的客户；二是服务手段从传统向互联网演化，大大地提高效率、提升体验；三是数据服务改变了重贷轻管的现状，做到全面风险管理，让银行更敢做小微企业贷款，更愿意做小微企业贷款。以平安银行“KYB税金贷”产品为例，该方案在“KYB税金贷”产品的风险管理中起到至关重要的作用：首先是贷前协助引流，并制定适合的准入规则，剔除潜在风险客户；其次是贷中全方位数据整合分析，从税务、工商、司法等综合维度评估企业风险情况，帮助平安银行提高审批决策准确性；最后是贷后对企业持续监控，通过数据变化准确识别可能暴露的风险，将风险扼杀在摇篮中，大大提升银行资产质量。

据统计，2017年至2020年第二季度末，该方案已累计服务超过220家银行，涵盖国有大型商业银行、股份制商业银行、头部城商农商行以及民营银行。同时，该方案已帮助合作银行推出超过180款小微信贷产品，其中160款为纯信用贷款，累计为738.6万户小微企业出具了征信报告约1876.8万份，并协助71.2万户企业从合作银行获得贷款授信额度超过3574亿元。

在2020年新冠肺炎疫情期间，征信赋能小微企业信贷解决方案持续优化，小微企业信用贷款模式不断升级，以满足中小微企业流动资金的贷款需求。据统计，随着疫情期间无接触贷款需求的提升，征信业务服务量显著增长。2020年1月至4月，中小微企业通过微众信科企业征信服务平台申贷次数达129.80万次，同比增长134.10%；企业征信报告服务量达381.75万份，同比增长175.82%。

第二节 “信易贷”模式破解中小微企业信贷难题

我国中小微企业长期面临着融资难、融资贵的问题。随着大数据时代的到来，信用大数据赋能中小微企业融资成为解决问题的突破点。“信易贷”便是以专业机构多方合作并且分担风险为特征的中小微企业信用贷款新模式。在这一模式下，政府部门、金融机构、征信机构、担保增信机构在数据共享、风险共担的机制引领下，为中小微企业的信用融资开辟了新的渠道。“信易贷”能有效解决银行“不敢贷”、担保机构“不敢保”以及各合作方之间“难信任”的顾虑。此外，基于信用大数据的风控模型，可满足多场景、多产品的模型支撑需求。“信易贷”不仅极大促进了中小微企业融资的可得性，也在一定程度上促进了社会信用体系的建设。

一、需求分析

近年来，随着金融科技的发展，海量大数据的产生和应用，为减少信息不对称、提升金融机构对于中小微企业真实经营状况的了解提供了另一种可能。在这些数据中，税务数据表现出与经营结果的强关联性，能够较大程度地还原企业的经营能力和盈利情况，数据真实可靠，覆盖率也较高。此外，在政府所掌握的各项数据资源中，税务信息的电子化存储率也最高，便于信贷流程的线上化、自动化。2015 年，国家税务总局下发《中国银行业监督管理委员会关于开展“银税互动”助力小微企业发展活动的通知》，提出了“银税互动”概念，探索通过税务数据帮助中小微企业获得无抵押或无担保贷款的模式。随着税务数据的逐步开放和接入，各类银行推出了大量的银税贷产品，取得了良好的成效。

但“银税互动”在发展中也有一定的局限性，例如，某些银行难以从税务局获取数据授权，各地税务局提供的数据存在数据格式、统计口径不统一的情况，数据的清洗、挖掘对银行的金融科技能力提出了挑战，也需要不菲的系统和模型建设成本。此外，税务数据仍然无法实现对所有客户，尤其是长尾客户的覆盖，导致某些客户无法通过银税互动获得合理融资。因此，想要从根本上解决中小微企业融资难问题，单纯依靠税务信用是不够的，还应该不断完善中小微企业的信用体系建设，根据不同企业的经营特点，整合工商、司法、关联方、社保、招投标、招聘、水电、开票、交易、供应商上下游、物流等多个维度的数据，才能进一步改善中小微企业与金融机构之间的信息不对称的情况。

随着数据的价值得到各行业的广泛认可，政府内部所沉淀的大数据也因为“信易贷”的推广而被盘活。2019 年 9 月 21 日，国家发展和改革委员会、银行保险监督管理委员会联合印发《关于深入开展“信易贷”支持中小微企业融资的通知》（以下简称《通知》），《通知》从信息归集共享、信用评价体系、“信易贷”产品创新、风险处置机制、地方支持政策、管理考核激励等方面提出具体措施。其中，最值得关注的是，国家提出依托全国信用信息共享平台，整合税务、市场监管、海关、司法、水、电、燃气费以及社保、住房公积金缴纳等领域的信用信息，“自上而下”打通部门间的信息孤岛，降低银行信息收集的成本。

二、场景概要

中小微企业是我国国民经济发展的重要组成部分。据公开数据显示，我国中小微企业的数量已超过 7000 万，若把尚未注册的小微商户计算在内，则数目更为庞大。中小微企业对解决就业、增加税收、经济增长具有重要意义。中小微企业的发展离不开金融的支持，而融资难、融资贵的难题却长期制约着中小微企业的发展，其正常的融资需求一直未得到有效满足。

破解这一难题，根本在于解决信用领域的信息不对称问题。而在大数据时代，政府在行政和公共事务中形成的大量有价值的数据资源逐步从以往的闲置状态走向合法合规、有序有限地开放使用，为减少信息不对称提供了积极有利的条件。通过数据处理与应用，在实践中摸索建立信用资本的理念，采用大数据的手段评价信用资本的经济价值，进行信用和风险评价，可以有效地衡量违约概率和风险损失的大小，既让守信的中小微企业获得了低成本的融资，又使银行在坚守风险管理底线的同时拓展了新的客户，促进了中小微企业的发展。

三、技术构架

“信易贷”以综合性融资服务平台为依托运行。信用大数据融资服务平台一站式整合了“信易贷”各参与方的管理和使用功能。通过访问权限的配置、系统对接和分类用户管理，政府、征信机构、有贷款需求的中小微企业、金融机构、担保/保险机构的相关业务职能实现了平台化和线上化。其中，地方政府是信用数据的所有者和供应方，负责制定数据归集和使用的政策，并对数据的合法合规使用进行监督，同时牵头落实风险分担机制，制定规范征信机构、担保/保险机构、金融机构准入标准及操作的指导性文件；银行等金融机构作为资金提供方，接入更多信用信息，享受风险补偿政策，提供低成本的信贷资金；担保/保险机构为中小微企业信用融资提供增信，包括但不限于国有担保公司担保、履约保证保险等。第三方征信服务机构及技术服务方，开发融资服务平台，提供技术支持、数据处理、风控服务，输出“信易贷”解决方案。

在基础数据归集方面，在充分调研当地政府各部门数据的基础上，结合金融机构和担保机构风险控制的实际要求，确定大数据信用风险评估所需的基础数据资源，并按照政府政务信息资源共享平台现有数据及共享应用规范要求，向相关数据提供部门申请调用授权共享的数据。根据当前政府部门公共信用信息归集与共享的情况及技术条件，选择优先接入已经实现共享或数据共享落地较为快速的部门，按照先易后难、逐步接入的原则采集共享，充分尊重数据提供部门的诉求和对于数据安全性的要求，确保采集共享工作的质量和可持续性。在信用大数据融资服务平台上，来自政府各部门有序开放的共享数据、申请贷款的企业自行申报的数据等数据汇集，共同构成风险控制的基础数据资源。基础数据归集完成后，通过系统的数据治理，不同来源的异构数据将被清洗处理，使之达到模型调用和信用报告输出所需的技术标准。模型服务层可输出获客、预授信、信用评分、贷后管理等不同类型的模型，分别对应贷前营销、贷中评分与贷后管理各环节，支持对贷款企业的全生命周期风险控制。

风险评估模型体系所应用的风险模型理论是成熟且贴合当前银行信贷业务模式的，维度丰富且具有良好的可解释性，采用大数据多模块评分框架，在承认数据缺失常态的基础上，实现现有信息的最大限度利用。模块化的模型体系，对包含丰富指标的多个风险维度模块分别进行建模，生成模块评分，再对多个模块进行集成，生成综合风险评分。评分模型运用了大数据技术，集成大量金融分析工具，整合结构化数据与非结构化数据，实现客户评分的自动化和实时性，使银行的风险管理工作更具前瞻性和主动性。

基于所采集的数据项，应用模块化风险评估模型体系，在通用化模块的有效迁移和有数据支持的场景模块的快速开发基础上，高效地完成了业务场景下信贷产品的开发，在短期内实现上线运行。随着后续数据的逐步接入，这一过程将不断复制和优化，适应新的数据资源，迅速完成新场景的开发。随着业务量的增加，样本数量的增多，模型还可持续迭代升级，提升风险的识别水平和精准度。

四、主要内容

“信易贷”的基本业务模式，有融资需求的中小微企业登录“信易贷”融资服务平台，签署保密协议及授权委托，完成认证与数据授权，同时按照贷款产品的申请要求在线填报财务和征信信息。平台的大数据风险控制引擎调用多方数据和模型，计算对申请人的评分，自动反馈风险审核结果，生成维度丰富、带有授信建议的信用报告并推送给银行和担保机构。银行和担保机构在收到信用报告后，分别执行授信和担保审批。银行在收到担保机构出具的保函后放款并将授信信息反馈至平台。

企业获得贷款后，按照合同约定向征信机构支付技术服务费并按期还款。平台将在线上对贷款企业进行日常的贷后监测，包括定期贷后监测记录与报告，企业主个人征信报告与企业征信报告的定期查询，监测还款计划的落实情况。同时，运用大数据技术进行实时风险监控，一旦触碰预警规则将及时生成风险预警信息并推送预警处理任务给客户经理。客户经理认领预警任务后，经过线下调查，线上反馈处理进度，并提交审批。对于逾期的客户，配合发放贷款的银行实行多样化催收管理。经银行申请，符合代偿条件的，将启动风险补偿基金代偿程序，由各方共同按比例承担贷款损失。此外，平台还定期对贷款客户的信息进行大数据分析，与银行的其他产品进行对比和匹配，向银行推送交叉营销客户名单，并促进续贷、复贷。

五、创新亮点

“信易贷”响应国家“放管服”——使守信者一路绿灯，失信者处处受限的政策指引。在应用导向、立法先行，进一步加强社会信用体系建设的大背景下，相较于传统的基于信贷工厂技术的中小微企业融资和“银税互动”模式，“信易贷”在模式和技术方面都有新的突破。

1. 模式创新

虽然目前国内大部分中小银行陆续建立了各自的金融科技部门，希望在数字化转型和大零售转型中，深耕本地中小微企业客户，拓宽新的资产业务渠道，但由于传统思维的固化，技术和经验的缺乏，中小银行在金融科技的发展道路上难以靠自身的实力快速前进，借助具备“金融+科技”能力的第三方金融科技公司仍然是最为高效的路径。然而，银行对金融科技公司能力的认可，双方建立相互信任，从而顺利合作，同样需要较长的过程。从商业模式的角度看，“信易贷”通过有效的风险共担机制解决了银行“不敢贷”，担保机构“不敢保”以及各合作方之间“难信任”的顾虑。风险损失的共担对各参与方都形成有力约束和促进作用，例如地方政府在数据开放方面积极性更高，征信机构必须不断完善风险控制技术，提升风险控制水平，也在一定程度上减少了征信机构的道德风险，促进银行信贷业务的长期良性发展。这一模式还具有很强的复制性和推广性，对于全国范围内解决中小微企业融资问题都有参考和借鉴意义。

2. 技术创新

在风险管理技术方面，信用大数据融资服务平台创新性地建立了基于社会信用数据的信用资本的理念。这一理念始终贯穿对中小微企业的全贷款周期的风险控制，利用多维的信用大数据评估信用资本的经济价值，对信用和风险进行评价，其创新性不仅在于对单一数据维度的依赖性大大减少，有效地解决了某些维度的数据获取难度大、质量不高或覆盖不足等问题，避免风控模型因某一类数据的缺失而无法运行，还表现在多维信息对多风险点的覆盖，结合了数据挖掘、统计分析以及机器学习的算法，深挖中小微企业及关联方原先散落在各有关部门的动态、多源信用信息，解析出不同维度数据之间的关联性，加深了对于风险传导的穿透式了解，提升了数据深度有机融合后的复合价值。与传统风控模型仅针对某一具体产品进行开发，无法复用的特点相比，平台的风控模型框架具有全息式、模块化、可插拔、可扩展的特点，可灵活、高效地应对多场景多产品的模型支撑需求，基于模型体系中通用化模块的有效迁移和定制化信贷场景模块的快速开发，能够保证新业务场景信贷产品的复制和快速上线。

六、建设成效

在各地政府的积极推动下，信用大数据融资服务平台从安徽芜湖市“信易贷”创新试点起步，相继在北京、重庆、安徽、厦门、贵州铜仁开展合作，构建了国家发展和改革委员会积极推动、各级地方政府主导、企业主体、专业支撑、多方参与的合作模式，为切实解决中小微企业融资问题提供了要素保障。

以安徽芜湖“信易贷”项目为例，2017 年 7 月，芜湖市以“征信机构+银行+担保”为主要内容，探索中小微企业信用贷试点工作。自 2018 年初开始到 2020 年 8 月，芜湖中小微企业信用贷试点累计授信企业 320 家，平均贷款利率 5.1%，累计放款规模超过 30 亿元，平均贷款金额 500 万元，不良率 0.4%。其中，经信用大数据融资服务平台提供征信服务企业将近 200 家，累计放款规模超过 6 亿元，仅发生 2 笔逾期贷款且已通过各参与方共同出资的风险补偿基金予以代偿。

从中小微企业发展当前面临的主要问题和未来的需求来看，通过搭建“信易贷”融资服务平台，集合数据、资金、技术等要素资源，实现中小微企业金融服务的平台化、综合化、线上化，不仅有效降低了企业的融资成本，也降低了金融机构提供贷款的风险。同时，通过“信易贷”的推广，信用大数据在服务中小微金融领域的应用，叠加财政资金支持小微企业发展的使用效率和杠杆效益，能够进一步优化地方营商环境，拉动中小企业再投资，对盘活地方政府的数据资源，促进政务工作的信息化、数字化、平台化，以及对社会信用体系的建设都起到了促进作用。

第三节　一站式全生命周期信贷管理服务

信用大数据在赋能中小微企业增信、银行风控、政府部门助推企业融资等金融综合服务领域发挥着重要的作用。在国家相关政策的引导和鼓励下，众多企业投身于“信易贷”产品的研发、设计和建设。基于中小微企业信用大数据中心，“征信融资服务平台”探索创新金融服务模式，依托金融系统、征信系统、政府服务辅助系统等应用系统，打造了金融服务的典型应用平台，包括国家金改试验区——泰州征信融资 E 网通、武汉市企业融资对接服务平台、杭州金融综合服务平台等。相关平台在中小微企业贷款对接方面发挥了积极的作用，为破解中小微企业融资难题提供了应用范例。

一、需求分析

中小微企业存在信用大数据增信、解决融资难题的需求。我国中小微企业数量庞大，涉足领域广。中小微企业主要分布在零售批发、服装（包括餐饮娱乐）、生产加工（小规模制造业）等领域。因此，中小微企业具有潜在不确定性因素多、固定资产投资规模小且价值不高、抗风险能力较弱、信用体系不健全、抵押品价值不高等主要特征。

金融机构存在信用大数据赋能风控、推进普惠金融工作的需求。对于金融机构而言，中小微企业并非优质贷款客户，由于信息不对称导致对其贷款的风险较大。在贯彻落实国家相关普惠金融政策过程中，金融机构同时要确保稳健经营、合法合规、风险可控，因此在中小微企业放贷过程中，金融机构也处于两难境地。

政府部门存在盘活信用大数据、助推经济发展的需求。对于我国政府部门而言，各部门基本都是按照本系统的法律、法规及规章制度对企业及个人的信用信息进行收集，相互之间没有有效的信息共享，部门和地区的分割使得信用信息资源被浪费，形成了较为封闭的孤岛状态。同时，这种状态也使得收集到的信用信息在统计分析和整合利用上比较薄弱。如何盘活和利用这些信息，形成数据价值释放，促进当地经济发展、助推中小微企业顺利融资，同时推动当地社会信用体系建设工作的开展，也成为各政府部门的强烈需求。

二、场景概要

中小微企业是社会经济发展的重要组成部分，对稳增长、惠民生、稳就业具有重要的支撑作用。但在全球范围内，融资难、融资贵是困扰各国中小微企业发展的瓶颈。随着全球经济的持续性衰退，宏观市场环境变化，中小微企业的生存和发展受到了更大的挑战。解决中小微企业融资难的问题已经迫在眉睫，只有切实解决中小微企业融资问题，才能把中小微企业发展的潜在能量发挥出来，使其在经济发展和社会稳定中发挥更大的作用。

对此，党中央、国务院也将中小微企业融资问题纳入顶层设计，持续关注和出台政策，支持中小微企业发展。2019 年 2 月，在中共中央政治局就完善金融服务、防范金融风险举行的第十三次集体学习上，习近平总书记指出金融是国家重要的核心竞争力，金融服务要坚持以市场需求为导向，积极开发个性化、差异化、定制化金融产品，改进中小微企业金融服务。中共中央办公厅、国务院办公厅于 2019 年相继印发了《关于加强金融服务民营企业的若干意见》与《关于促进中小企业健康发展的指导意见》，着重强调要“从战略高度抓紧抓好信息服务平台建设”，推进发展“互联网+中小企业”，鼓励大型企业及专业服务机构建设面向中小企业的云制造平台和云服务平台，为中小企业提供信息化服务。2019 年 9 月 20 日，国家发展改革委员会与中国银行保险监督管理委员会联合印发了《关于深入开展“信易贷”支持中小微企业融资的通知》，从信息归集共享、信用评价体系、“信易贷”产品创新、风险处置机制、地方支持政策、管理考核激励等方面提出具体措施，破解银企信息不对称难题，督促和引导金融机构加大对中小微企业信用贷款的支持力度，缓解中小微企业融资难、融资贵问题，提高金融服务实体经济质效。

在此大背景下，“征信融资服务平台”应运而生。通过大数据平台和信用评价模型的结合，平台将信用大数据与金融综合服务相结合。“征信融资服务平台”在落实金融供给侧结构性改革方面走在了前列，也成为后续“信易贷”平台类产品的先驱和样板。

三、技术架构

信用大数据与金融综合服务的结合方式主要以大数据平台的方式展现与应用，其中最为核心和重要的部分集中于实现中小微企业融资服务的“信易贷”系统，在实现融资贷款功能之外还涵盖风控、信用评价、政策发布、统计分析、辅助决策、项目申报等综合性金融服务和监管服务功能。

信用大数据+金融综合服务类平台具体功能需根据场景应用方的具体需求进行详细设计。系统架构分为数据层、服务层、应用层、用户层、展现层五个层级。从归集数据的过程开始，通过数据归集与清洗形成各类数据库，再由后台的数据分析和大数据算法、信用评价模型对数据进行处理，形成具体的服务类别和产品。服务类别和产品的综合运用按照具体功能实现，从而满足不同客户的细分需求，并通过门户网站形成最终的展示。

四、主要内容

信用大数据+金融综合服务类平台基本的框架均为“一中心、一平台、X 系统”。其中，“一中心”基本指的是中小微企业信用大数据中心，“一平台”指的是中小微企业征信融资服务平台，“X 系统”指的是金融系统、征信系统、政府服务辅助系统等具体的应用系统，系统数量设计一般按照系统建设方的要求确定。

1. 中小微企业信用大数据中心

中小微企业信用大数据中心的主要功能为相关数据的采集、清洗、融合与存储，是整个系统的核心支撑。信用信息归集的范围、数量和质量等决定了信用服务的深度和广度，决定着平台建设的实施成效。中小微企业信用大数据中心的数据来源可参考图 6-4。

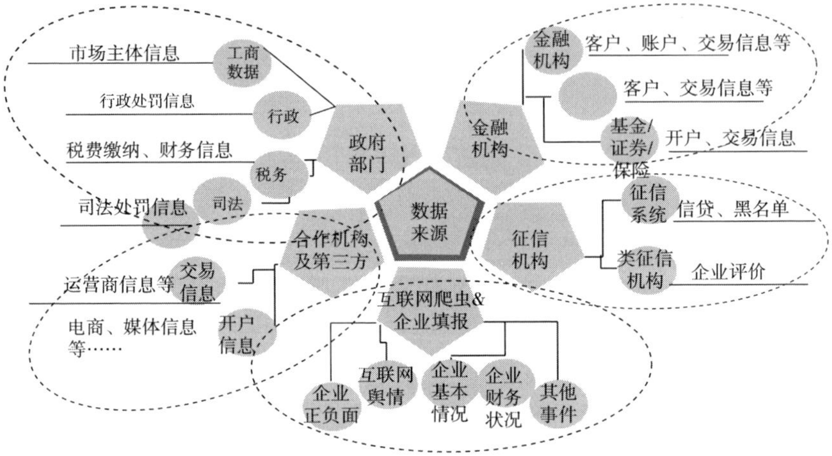

图 6-4　中小微企业信用大数据中心数据来源参考图

中小微企业信用大数据中心的附带功能包含数据处理功能，用以实现数据的清洗、转换与加载功能，一方面保障聚合的数据能正确、完整、规范地加载到目的地；另一方面，实现数据整合过程中的异常处理。

通过数据采集与处理流程，中小微企业信用大数据中心可以实现区域内政务数据、金融数据以及第三方征信机构补充数据的融合与标准化处理，并依据业务场景，建立特色数据库。

2. 中小微企业征信融资服务平台

中小微企业征信融资服务平台是面向各服务对象即用户的统一服务入口，提供产品或需求的发布、对接、流程追踪等。此外，平台亦可作为地方政府、行业监管或服务机构等落实金融服务实体经济的主体，向社会公众进行社会信用体系建设领域政策的引导及宣传窗口。具体展示方式可根据建设方的需求进行设计与开发，一般以 WEB、App 两种方式对外服务。

3. X 系统

X 系统的“X”表示的是具体系统的数量，一般根据场景应用方的具体需求进行设计和确定。X 系统的特色和亮点结合了场景应用方的区域或行业特色、实现功能的要求或行业的创新亮点等，但一般情况下均会包含以下三个必备的系统构架。

（1）金融系统

金融系统的建设主要是面向各金融机构用户，在提供“征信+融资”服务流程基础上，系统通过搭载知识图谱、决策引擎、机器学习技术，可实现企业信用信息查询、关联关系的可视化及分析，支持自定义风险规则的制定、模型迭代自学习，满足自动化进件及结果输出，可以有效降低金融机构的调查成本，提升调查效率。通过信用科技赋能，提高金融机构的风控能力。

（2）征信系统

征信系统作为数据端与业务端的桥梁，是信用大数据+金融综合服务类平台最核心的系统，包括征信系统、数据在线服务子系统、自动化报告系统、多引擎决策系统、信用评估工具插件等，具备强大的数据挖掘与分析能力。

（3）政府服务辅助系统

政府服务辅助系统主要通过生成各类数据统计分析报告，来支持各政府部门履行日常管理中的监管职能和决策职能。系统可以根据具体部门的管理职能需求，实现各类信息的汇总、统计与展示，同时提供国家、地方、行业等与中小微企业发展相关的各类优惠与扶持政策的发布。

五、创新亮点

信用大数据+金融综合服务类平台作为信用大数据在金融综合服务领域的新兴应用，最大的创新亮点就在于：通过信用大数据的应用基本上解决了中小微企业融资难、融资贵和金融机构对中小微企业“放贷难”的双向痛点，同时将致力于政府部门的一些信用方面的“死数据”盘活，使各部门的数据共享得到价值体现，提升信用信息应用的效能，不光提高了向中小微企业贷款的效率，同时拓展了信用评价结果的应用场景，是一项多方共赢的创新型“信用+科技”应用。具体而言，创新的亮点表现在以下几个方面：

一是汇集多方数据，形成企业精准画像。整合的企业数据包括但不限于公司基本信息、高管股东信息、金融信息、社保公积金信息、缴税信息、专利信息、抵押信息、司法信息、水电信息等，具体的数据来源会依据建设方能够协调的数据资源而定。数据来源越多，对于构建中小微企业的信用画像越精准。平台后台通过数据分析对中小微企业形成360度的多维度立体视角，为金融机构授信、风控提供大量有效企业数据，协助金融机构更好地为中小微企业服务。

二是搭建融资需求与信贷产品自动匹配的撮合平台。可以建立中小微企业与金融机构的金融产品撮合平台，撮合平台可以配置撮合规则，基于中小微企业融资需求与信用状况，自动匹配金融机构的金融产品，实现银企线上互动，并发布相关提醒，自动撮合匹配率一般可以达95%以上。

三是基于不同的客户端，满足不同用户的功能需求。中小微企业可以通过企业客户端查询自己的客户信息、查询或者搜索金融机构提供的金融产品，选择适合自己的金融产品提出融资申请，也可以发布本企业的融资需求，撮合平台会自动匹配企业融资需求以及金融机构产品，并提供匹配信息分发给企业和金融机构；金融机构可以登录金融机构客户端发布金融产品、查看融资企业申请以及系统自动匹配的企业融资信息，并进行后续的操作；政府部门工作人员可以登录政府端，查看金融机构注册信息、企业注册信息、整体运营信息、宏观统计分析数据，行使监管职能。

四是搭载风控云平台，实现全流程监控。基于知识图谱、机器学习、决策引擎技术及产品，平台可以按照建设方需求提供覆盖营销、反欺诈、信用评估、贷中监控、催收等全流程风控管理服务，辅助当地金融机构实现风控系统的自动化、智能化。同时，平台可以综合当地主要金融机构贷后监测数据，自动迭代更新信用评价模型，优化评估体系，提高当地金融机构风险控制水平。

五是打造重大政策和信息发布的“权威窗口”。政府机构可以通过平台及时发布宏观财政金融政策、当地政府的重大决策和重要通知、金融机构及其信贷产品、失信企业名单等多种类信息。此外，还可以定向推送政府机构或者行业主管部门对中小微企业的优惠政策和扶持手段，提升服务水平。

六是提供企业重大事项申报的“绿色通道”。平台可以结合地方政府部门或行业主管部门的相关扶持政策，在系统上开通企业重大项目申报和产业引导基金、风险补偿基金等各类政策申报通道，通过在线申报，由平台接口转入后台管理，相关部门即可在线审批、在线发放，将极大压缩发放流程，提高审批效率，同时对申报文件及审批流程做到留痕，提升审批的合规性和公正性。

七是为政府部门提供宏观经济管理的辅助决策服务。平台可以通过对后台的各类型数据进行分析，形成丰富的可视化数据报告。具体报告可依据各部门职责，自动化完成各口径的宏观统计报告，如“区域金融交易报告”“区域企业信用监测报告”“行业信用风险分析报告”等，有效提升信源单位的数据解读能力，为政策制定提供决策依据，有效反哺信源单位。

六、建设成效

2016 年伊始，江苏省泰州市开展中小企业信用融资服务平台项目的研发和应用的试点工作。经过近一年的前期调研、需求分析、开发与测试工作，2017 年 9 月，国家金改试验区——泰州征信融资 E 网通（以下简称“泰州征 E 网通”）一期顺利上线。经过一期项目的实践，平台及时进行了系统升级和功能完善，2019 年 5 月，泰州征信融资 E 网通平台二期建成并顺利上线。

泰州征信融资 E 网通平台通过大数据、机器学习等前沿科技对借款人全方位的信用信息进行深度整合和共享，成功搭建了“融资服务+征信查询+信用评价+风险预警”的“互联网+征信+信贷”融资服务链，开创了中小微企业信用融资的“泰州模式”。

截至2020年8月26日，通过泰州征信融资E网通对接成功的贷款数为4660笔，成功对接金额560.94亿元，合作的金融机构达到了148家，项目数量达5767个，用户数量突破了5917家，信用报告查询量达到了9065次。泰州征信融资E网通平台为泰州市当地中小微企业的融资起到了非常好的促进效果，同时也成为后续国家发展改革委大力推进的“信易贷”产品研发的对标项目。

泰州征信融资E网通平台作为国家金改试验区江苏省泰州市的金改项目范例和金融创新样板工程，得到了我国各大官方媒体和社会各界的广泛关注。2017年12月20日，《经济参考报》刊登了《泰州金改开创融资新模式》，详细介绍了泰州征信融资“E网通”新模式。2018年4月27日，《中国日报中文网》等多家全国媒体报道了E网通上线融资破百亿的情况。2019年6月24日，新华社客户端、新华社《瞭望周刊》官网、今日头条、百家号、一点资讯和搜狐号等权威媒体刊登《信用体系边界何在》的文章，介绍了泰州E网通“征信融资新模式”。此外，全国各地区、各行业、各单位均对泰州征信融资E网通平台产生了极大的兴趣。截至2019年5月，全国已有15个省市（区）和高等院校到泰州学习取经泰州E网通平台的建设经验，泰州E网通开始走出泰州，在一些经济大省省会城市和西部人口、经济大市成功落地。

在泰州征信融资E网通的成功模式下，信用大数据+金融综合服务类平台不断推陈出新，出现了武汉市企业融资对接服务平台（以下简称“汉融通”）、杭州金融综合服务平台（以下简称“杭州e融”）等项目。

截至2020年8月26日，“汉融通”平台的活跃入驻机构为480家，入驻市场主体数达到了61132户，成功融资数达到了15880笔，融资总金额为632.89亿元，成功打造企业融资服务的“武汉效率”。

第四节　保函替代现金，减负企业压力

为进一步推动保函替代现金形式保证金政策落地，解决保函应用现状中存在的问题，提出“信用+保函”（简称“信易保”）惠民便企应用建设，丰富“信易+”创新应用，为诚信企业减负，服务实体经济。

“信易保”创新应用基于全国信用信息共享平台，实现“政、保、企”信息互通和共享，解决信用信息不对称问题，保证人可准确获取客户信用信息，保前调查效率提升，承保风险降低，出函效率大幅提高，信用良好的企业可享受更便捷的担保手续办理，支付更低的担保手续费用。

一、需求分析

1. 解决痛点

“信易保”创新应用能够为涉企保证金相关领域解决以下痛点：

一是落地难问题。政策落地缺乏配套机制，保函替代现金缴纳保证金的整体替代率不高，未大规模应用。

二是市场混乱问题。保函真假核验困难，保函真实性、有效赔偿无保障，扰乱诚信市场环境。

三是办理难问题。保函办理周期长、限制多、综合成本高，缺乏公开便捷、价格合理且充分可信的申请渠道。

四是信用不足问题。保函中信用应用不足，存在信息不对称，导致“不敢保”“不敢用”现象。

2. 可行性分析

（1）政策可行性

近年来，国务院、发改委和住建部等多部门出台相关文件要求加强社会信用体系建设，推广以金融机构保函替代现金缴纳涉企保证金。对于“信易保”的建设与应用，国务院及各部委文件主要在以下三个方面给予政策支持：

一是要求在公共资源交易、工程建设、政府采购和海关关税等多个领域内推动金融机构保函替代现金缴纳涉企保证金。

二是加强信用建设和应用，要求积极探索将信用评价结果直接应用于各类担保的办法，为信用状况良好的企业提供便利，降低担保费用、简化担保程序。

三是明确要求积极发展电子保函，方便保函使用及管理，进一步降低保函综合社会成本。

（2）技术可行性

1）全国信用信息共享格局基本形成

2015 年 10 月，全国信用信息共享平台建成并投入运行。作为全国范围内信用信息归集共享的总枢纽，全国信用信息共享平台已联通 46 个部委、32 个省（区、市）信用信息共享平台，跨部门、跨地区信用信息共享格局基本形成，累计归集各类信用信息超过 500 亿条。全国信用信息共享平台基本实现了对全国企业的全覆盖，并将注册登记信息、行政许可、行政处罚、红黑名单等公共信用信息记于企业名下，形成较为完整的企业公共信用信息电子档案。全国信用信息共享平台的公共信用信息与人民银行征信中心的金融信用信息相互补充，共同构建起较为完善的企业信用信息体系，为“信易保”的应用推广提供了基础信用信息支撑。

2）金融机构保函服务体系已基本建立

银行、担保机构和保险公司等金融机构都已开展投标保函、履约保函和预付款保函等多领域相关担保业务。为应对保证人的担保风险，金融机构已逐步形成了单独承保和联合体方式承保的担保方式，担保市场中分离式保函也已开始应用。保证人已利用中国人民银行征信系统，对投保人进行风险识别，开展保前调查工作，正在逐步完善保中履约行为的风险防控和预警机制，已建立理赔通道、理赔流程和应急预案，能够按照担保合同约定履行赔偿责任。

3. 必要性分析

各类涉企保证金，存在缴纳总量大、回收周期长、无效沉淀多等问题，导致企业的流动资金紧张。保函是保证人应申请人的请求，向第三方开立的信用担保凭证，使用保函可以释放压占的保证金，为企业“省钱”，提升其资金周转率，显著减轻企业资金负担。“信易保”惠民便企应用拓展了“信易+”创新应用领域，着眼于让信用良好的企业享受更低的担保费用，享受更便捷的担保手续办理和保函出具服务，切实降低企业资金占用压力，实现“信用越好，担保越容易，企业越受惠”。

“信易保”服务模式是推进保函替代现金缴纳涉企保证金政策落地和优化营商环境的重要举措，利用信用大数据和场景建设可以有效解决给中小微企业“省钱”的问题，大幅提升资金使用效率，减负效果明显。

二、场景概要

“信易保”依托国家公共信用信息共享平台数据、各领域业务数据、属地信用信息数据，并汇聚金融机构的担保信用信息、信用服务机构的企业信用数据等，形成全维度企业信用大数据，为保函应用提供大数据支撑。

“信易保”通过搭建企业信用服务、保函业务撮合服务与保函数据服务三大服务，为保证人提供信用筛查、评价分类和风险监测服务，降低其承保风险并提升其保后跟踪和风险预警能力；为企业提供便捷、优惠、保真的电子保函办理服务；汇集保函办理、使用、索赔、赔付和追偿全流程数据和各方主体履约行为信用信息，形成保函全量大数据，为电子保函应用管理和实施信用监管提供支持。

三、技术架构

1. 技术实现方式

本场景的技术实现方式采用去中心化的微服务架构，主要包括：独立服务运转，服务共享、服务分解和组合，服务串联，服务异步通知等。在系统架构中，不同的服务被分布为不同的层次。

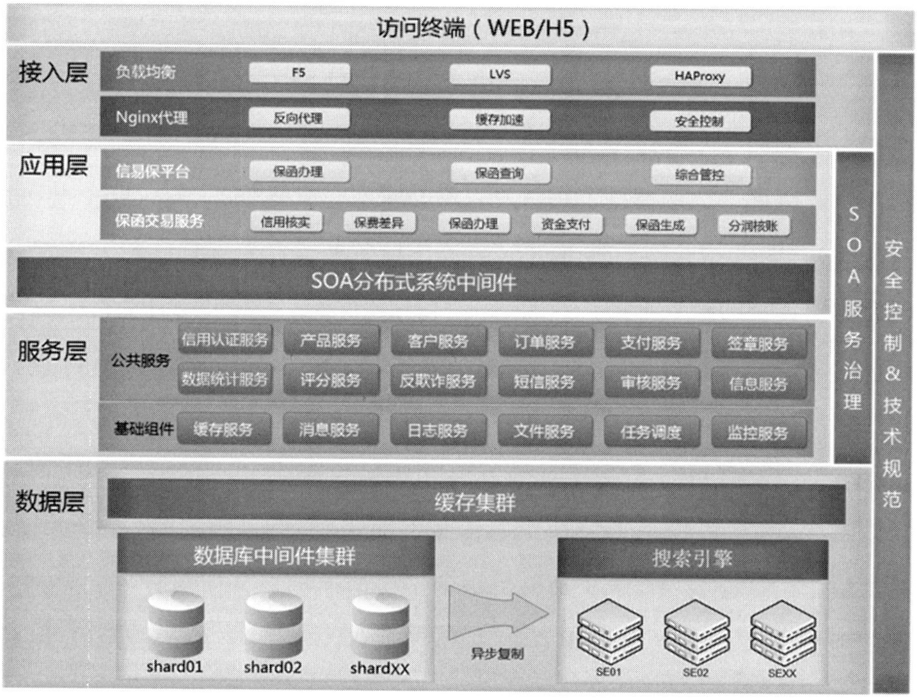

图 6-5 系统架构图

（1）接入层

接入层为终端和应用层的转接层，负责客户在终端的各种访问操作请求，并实时反馈应用层的处理结果，记录所有的日志数据并保障终端的访问畅通。

（2）应用层

按照业务逻辑提供明确的功能服务，以方便用户精准操作，形成良好的操作体验。应用层通常以 WEB、H5、App 等 UI 图形的界面形式展现给用户。

（3）服务层

负责处理终端用户的业务操作请求，进行解析和加工处理并反馈到应用层告知用户业务操作处理结果。服务层属于用户不可见后台业务处理逻辑，服务层的各服务和组件独立部署，每个服务仅关注于执行并完成既定任务。

（4）数据层

数据层则对项目中产生的所有信息本身进行归档，采用标签搭建、集群和并行等方式进行数据处理，并提供快速查询的底层接口，并保证数据的完整性、可靠性。在数据库方面，本场景可以无缝对接包括 Oracle 和 Mysql 在内的主流数据库。

2. 底层数据项

对于本场景中的各应用，存在着各种不同的配置信息、业务数据、系统运行状态等信息，底层数据结构图如图 6-6 所示。

3. 系统部署方式

系统部署拓扑图主要遵循以下规则：

一是采用“N+1”原则，即各系统至少多搭建一套环境，避免单点问题，例如多机房部署、应用系统集群、数据库主备等。功能开发与运维团队分开，系统开发完成后，由专业的运维团队管理和运营。

二是在虚拟化部署方面，二级系统、三级系统采用虚拟机部署，节省资源和管理成本，一级系统应用服务器，采用虚拟化部署。

三是采取子领域切割方式，机房部署以业务领域划分为基本服务和数据库，相同业务领域的服务器部署在一起，不同业务领域的服务器物理切割。

四是内网和外网隔离，保障业务正常运转的同时，支持 G 端和 B 端的安全需求。

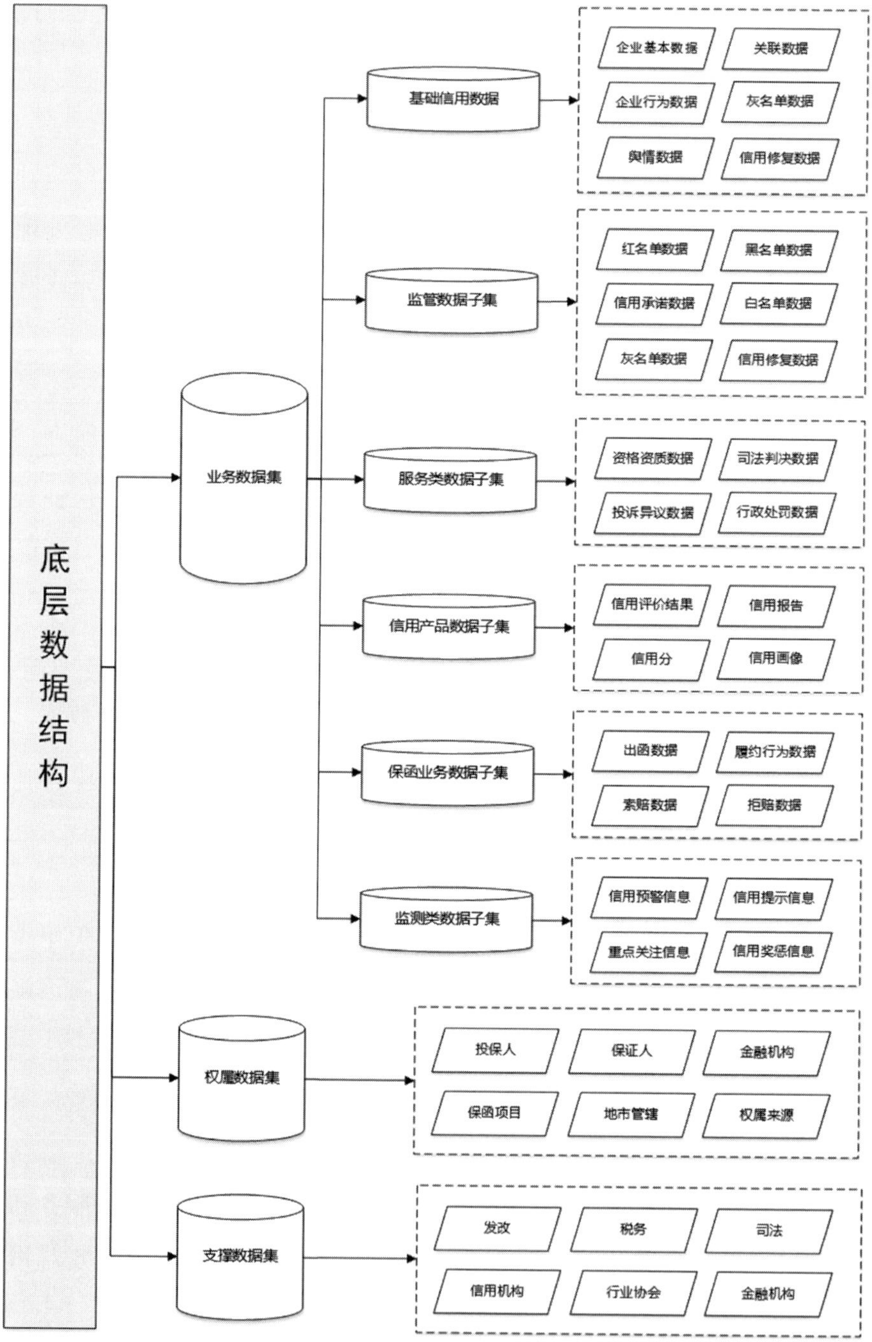
底层数据结构
业务数据集
基础信用数据
企业基本数据
关联数据
企业行为数据
灰名单数据
舆情数据
信用修复数据
监管数据子集
红名单数据
黑名单数据
信用承诺数据
白名单数据
灰名单数据
信用修复数据
服务类数据子集
资格资质数据
司法判决数据
投诉异议数据
行政处罚数据
信用产品数据子集
信用评价结果
信用报告
信用分
信用画像
保函业务数据子集
出函数据
履约行为数据
索赔数据
拒赔数据
监测类数据子集
信用预警信息
信用提示信息
重点关注信息
信用奖惩信息
权属数据集
投保人
保证人
金融机构
保函项目
地市管辖
权属来源
支撑数据集
发改
税务
司法
信用机构
行业协会
金融机构

图 6-6　数据结构图

4. 数据建模方式

依托全国信用信息共享平台，广泛归集整合跨部门、跨地区的企业信用信息、各领域业务监管信息、自主填报信息和保函信息等（包括但不限于司法涉诉、行政处罚、资质、纳税等维度），形成“信用+保函”专题信息数据库，通过提供全维度企业信用数据，为信用保函办理和应用提供信用大数据支撑。

数据建模流程图主要包含以下流程：

（1）数据源的确认与数据提取

通过对存量客户及潜在客户的数据源进行数据抽样，建立有效的训练集（train）、验证集（validation）和测试集（test）。

（2）数据预处理和异常处理

开展数据清洗、缺失值处理、异常值处理，主要是为了将获取的原始数据转化为可用作模型开发的格式化数据。

（3）特征提取与选择

通过统计学的方法，筛选出最显著的指标。主要有单变量特征选择方法和基于机器学习模型的方法。

（4）模型开发训练

以变量分段、变量的 WOE（证据权重）变换和逻辑回归估算进行开发和训练，逐渐完善决策树模型。

（5）模型测试优化

以模型的稳定性、预测性、区分能力为主要测试维度，形成模型的评估报告后持续收集反馈建议并优化，提高数据模型的精准度。

四、主要内容

1. 主要服务内容

在信易保场景的产品架构图中，UI 层主要提供以下服务：

一是信用+电子保函应用监管服务。为工程建设、公共资源交易等行业部门开展电子保函服务提供信用核验、信用承诺等监管服务。

二是信用+电子保函应用决策支撑服务。为相关部门及领导提供按行业、按区域的电子保函交易和信用风险评估大数据分析服务，为管理决策提供支撑。

三是信用+电子保函应用交易服务。应用面向社会，提供“信用+电子保函”的快捷优惠服务和实时核验真伪的查询服务。

2. 主要实现功能清单

信易保场景的系统主要功能包括信用建设、数据服务、保函履约监管、保函服务、重点领域应用等，功能清单详见表 6-1。

表 6-1 功能清单

UI	功能点	功能描述
首页	保函查询	搜索功能，提供保函查伪验真的服务
	数据汇总展示	申请保函服务企业、累计服务企业、保函交易笔数、释放企业资金
	信用+保函简介	保函产品简介
	重点领域入口	重点业务领域简介
	文章列表	平台公告、最新政策等文章资讯查阅
	站内链接	站内功能快捷入口
	保证人介绍	保证人（金融机构）信息查阅
	金融机构服务排名	保证人排名 Top10
信用建设	动态与政策	资讯查阅
	保证人信用数据	数据查阅
	信用报告服务展示	服务查阅
	信用修复服务展示	服务查阅

续表

UI	功能点	功能描述
数据服务	保函数据统计	数据统计查阅
	保函查询	数据搜索查询
	重点领域保函统计	数据统计查阅
	金融机构服务排名	数据统计查阅
保函履约监管	保函履约异常信息公示	数据查阅
	履约异常反馈	数据查阅
	主体履约查询	数据查阅
保函服务	保函办理	业务办理入口
	保函索赔辅助	服务查阅
重点领域应用	重点领域应用展示	服务查阅、业务办理入口
	重点领域保函数据	数据查阅

资料来源：作者根据相关数据整理。

五、创新亮点

1. “信易保”模式的创新作用

一是解决了信息不对称问题。信易保将信用筛查和信用评分应用于保函的办理和差异化收费，降低了诚信企业保证金成本，降低了保证人的承保风险。

二是形成了信用激励约束机制。信易保实践“信用有价”，激励企业重视信用积累；保证人对担保行为规范和履行赔付责任做出信用承诺，并通过设立担保信用排行榜等措施有效制约保证人失信行为的发生。

三是提升了政府部门信用治理和数据治理能力。信易保归集了覆盖投保人、保证人、被保证人等“全主体”，涉及保函申请、开立、传输、使用、管理、索赔和赔付等“全流程”的信用信息记录，有利于政府部门实施基于数据的信用监管。

四是促进了各领域信用体系建设。汇集保函全量数据和相关方信用信息，通过市场行为，对失信企业和保证人形成有效的信用约束，提高交易项目履约率，促进各领域信用体系建设。

2. 实施优势

一是担保机构选取开放、公平、公开。信易保开放对接所有符合银保监监管要求的、信用良好的担保机构，为投保人提供尽可能多的选择，保障投保人的自由选择权。

二是与担保机构采用直连办理模式。信易保展示各担保机构业务系统链接，点击直接跳转到其电子保函业务系统，办理信息更安全，管理更便捷；没有中间商，价格更优惠，企业更得实惠。

三是费率确定更合理，更惠企。保函费率确定没有相关政策指导，属于市场行为，然而现有电子保函平台往往采用统一价格，有价格操控的嫌疑和责任隐患。建议采用信易保模式，按照信用情况将投保人进行分类，由保证人实施差别化费率，进一步降低诚信企业保函办理成本。

六、预期成效

1. 释放企业资金规模估算

根据广东省公共资源交易中心披露，2019 年完成建设工程和政府采购招标项目 148935 个，成交总额达 12151. 58 亿元。经测算在建设工程和政府采购领域仅招投标阶段采用投标保函和履约保函，就可以释放资金达 1298. 39 亿元，如建设工程项目全面采用保函，则又可多释放资金 1609. 55 亿元，合计可释放资金总量约 2907. 94 亿元。

国家统计局网站显示，初步核算全国 2019 年国内生产总值为 990865 亿元；广东省统计局发布信息显示，广东省 2019 年国内生产总值为 107671. 07 亿元。根据广东省与全国 GDP 比值，估算全国建设工程和政府采购领域仅招投标阶段采用投标保函和履约保函，就可以释放资金达 11948. 69 亿元，如建设工程项目全面采用保函，则又可多释放资金 14812. 21 亿元，合计可释放资金总量约 26760. 9 亿元。

2. 社会效益估算

“信易保”创新应用利用了信用手段，助力保函替代现金缴纳保证金政策落实，切实降低投保人资金占用量，减轻企业负担；降低保证人承保风险，扩大保函业务量；减少被保证人收取和退还保证金的工作量；提升公共资源交易中心服务水平。

以 2019 年广东省建设工程和政府采购涉及的投标保函数据为基础，对项目正常运行一年，其产生的社会效益进行估算，广东省建设工程和政府采购领域投标保证金采用“信易保”模式在投保人释放资金效益、保证人降低承保风险、保证人增加保函业务量、被保证人较少收取和退还保证金的工作量和提升公共资源交易中心服务水平等方面产生的社会效益为 15.29 亿元，占涉及保证金总额的 11.58%。

根据广东省与全国 GDP 比值进行估算，全国建设工程和政府采购领域仅投标保证金采用“信易保”模式产生的社会效益为 140.71 亿元。可见，公共资源交易领域“信易保”的创新应用具有显著的社会效益。

第五节　市场化个人征信，为经济金融市场注入新动能

个人征信是指依法设立的个人信用征信机构对个人信用信息进行采集和加工，并根据用户需求提供个人信用信息查询和评估服务的活动。人民银行于 2015 年印发《关于做好个人征信业务准备工作的通知》，标志着我国允许民间机构开展个人征信业务。培育社会征信机构，是贯彻落实党中央、国务院关于推进社会信用体系建设、建立健全社会征信体系等一系列方针政策的重要举措。市场化个人征信机构的核心在于紧抓征信本质，捍卫数据安全和个人信息保护，全面提升数据能力、产品能力、技术能力和整体对外服务能力。市场化个人征信为个人信息市场注入了新的活力，对

于规范发展征信市场、服务实体经济具有积极意义，可以进一步服务好实体经济进行生产经营活动的信息需求，推动实体经济发展。

一、需求分析

近年来，市场主体和信息主体的信用意识普遍增强，各行各业对征信产品和服务的需求日益增长。同时，互联网和大数据技术日益成熟，征信市场发展方兴未艾，随着经济增速放缓，局部金融风险显现，市场产生了大量身份识别、信用评估、用户画像、反欺诈等多方面的信用服务需求，迫切需要能够覆盖各层次客户、减少信息不对称、缓解多头共债、具有高科技含量、支撑金融机构产品创新需求的征信产品和服务，征信行业尤其是个人征信行业进入快速发展阶段。

目前，我国征信行业主要采用“政府+市场”双轮驱动的发展模式，中国人民银行征信中心负责的国家信用信息基础数据库是我国征信业发展的重要基础，也是我国金融风险防范的重要依托。同时，我国大力发展市场化征信机构，个人征信方面，百行征信是目前国内唯一一家持牌个人征信机构；企业征信方面，人民银行数据显示，截至2020年7月末，全国共有22个省（市）的133家企业征信机构在人民银行分支行完成备案。总体而言，在“政府+市场”双轮驱动战略部署的要求下，人民银行征信中心、百行征信、企业征信机构以及信用评级机构共同发挥着国家重要金融基础设施的关键作用，构建起中国特色现代化征信体系，助力金融风险防控。

2020年，新冠肺炎疫情对消费金融、普惠金融及个人征信行业发展带来了新的挑战和机遇。一方面，中国人民银行数据显示，第二季度末，我国商业银行不良贷款率1.94%，较年初上升0.08个百分点，金融风险仍存在较大隐患；同时，小微企业和外贸企业资金链紧张，招商银行调研数据（受访企业90.4%为小微企业）显示，24.7%的样本企业受疫情严重冲击，陷入经营困境的达到16.9%，线上融资需求明显增加。另一方面，疫情期间我国互联网流量较2019年底增长超过50%，个别地区增长达70%，智慧零售、在线旅游业、在线教育等互联网新业态及零接触金融服务迎来发展新契机。金融机构迫切需要提升精细化风险管理能力，跨渠道、跨系统、实时、智能对接各类融资需求，提升客户黏性，对征信服务的时效性及丰富度提出了更高要求。对此，市场化个人征信机构要充分发挥自身优势，全面提升服务质量和服务能力，积极落实扩大国内消费、支持数字普惠金融发展、推进西部大开发等政策要求，助力经济金融稳健发展。

二、场景概要

在加快培育数据要素市场的时代背景下，市场化个人征信机构迅速响应多元化、精细化的数字信贷需求，基于底层数据库建设，以创新征信产品开发为抓手，助力金融服务触达更多普惠客群，倡导“普”，降低信贷成本及融资门槛，助推“惠”，为经济金融市场增活力、强韧性、稳发展、促改革保驾护航。助力实体经济、践行普惠金融、实现数字化转型已成为金融服务创新的主要方向。

三、技术架构

数字化时代，随着金融科技快速崛起，征信的内涵和社会对征信的需求不断丰富，市场化个人征信行业的发展主要呈现信息共享的轻量化、服务需求的多元化、个人信息保护的强化、征信体系建设的生态化等发展趋势。自成立之日起，百行征信探索运用金融科技高标准、高起点建设IT基础设施和征信业务平台，依法合规助力消费金融、小微金融、普惠金融行稳致远。

目前，百行征信的数据处理、客户服务和信息安全三个系统初步搭建完成，高可靠、高安全、高性能、大容量且兼具弹性伸缩能力的一套征信IT生态体系已经初具规模。个人征信系统、聚合服务平台凝聚了微服务、大数据和人工智能等技术，承载了征信数据采集和征信产品服务的功能，可以容纳信息主体超过10亿人，可同时对外提供征信服务超过1万笔/秒，基本满足现已知的征信相关服务。同时，深圳龙岗数据中心承载服务器超过400台、启用虚拟机超过2000台、对外网络线路超过1000条，包含专线、VPN、金融城域网的多层次征信网络体系连接了超过700家机构；全方位、多层次、无死角的信息安全技术措施确保整套IT生态系统的安全平稳运行。服务时效性方面，百行征信提供全年365天24小时不间断对外查询服务，数据加工实现T+1处理，查询记录做到实时更新。数据质量方面，百行征信形成了“事前把关、事中控制、事后检测”的数据质量管理体系。此外，百行征信数据中台和智能化客服系统建设不断完善，将有效支撑征信机构的数据、产品、技术和市场服务能力。

在数据库建设过程中，百行征信始终坚守信息安全和个人隐私保护的生命线，为普惠征信服务保驾护航。在信息主体权益保护方面，贯彻落实《征信业管理条例》等法律法规要求，在信息采集、整理、保存、加工和使用的每个环节均注重和加强个人信息权益保护，保障信息主体的知情权、异议权和更正权等应有权利。在授权核查上，建立授权核查流程与标准，开发授权自动检测程序，推进授权信息高效匹配，并积极开展现场调研与核实，最大限度保护机构与信息主体的权益。

产品和系统安全方面，百行征信建立了一套完备、有效，涵盖产品安全、操作安全和系统安全的信息安全保障体系，征信平台系统通过网络安全等级保护三级认证。异议处理方面，百行征信客服中心已正式投运，以移动端的线上App为核心，集成400电话和线下实体空间，打造高效、便捷的异议申诉与业务咨询渠道。百行征信通过设置事前、事中、事后的三道防火墙，避免机构违法、违规使用个人信息，保护各类机构的商业秘密，为产品创新及平台化发展打下合规基础。

同时，百行征信一直坚持自身科技赋能的发展定位，与大专院校、科研院所、科技公司开展合作，在征信行业发展模式、个人信息保护以及包括区块链在内的金融科技等领域进行了一系列的课题研究。2019年，在中国人民银行原副行长吴晓灵教授的指导下开展了区块链相关研究，探索联盟链在信息共享、个人信息保护、服务创新、科技成果共享等方面的应用，积极尝试借助新技术赋能征信技术创新。通过课题研究，提出可通过构建一种双层多链并行模式下的高效和行业差异化双优的网络结构，连接信息主体、征信机构、信贷机构、公共信息机构和监管机构五类参与方。双层结构中主链层的各节点间地位平等，主要用于政府机构替代数据源间海量信息的共享，并为征信机构形成征信报告提供信息整合与交互的支撑。在一条主链的基础上，根据行业特点设计多条行业子链，构成子链层，通过行业划分，控制每条子链上节点数量，在保证安全的同时，可提高系统的整体效率，如图 6-7 所示。

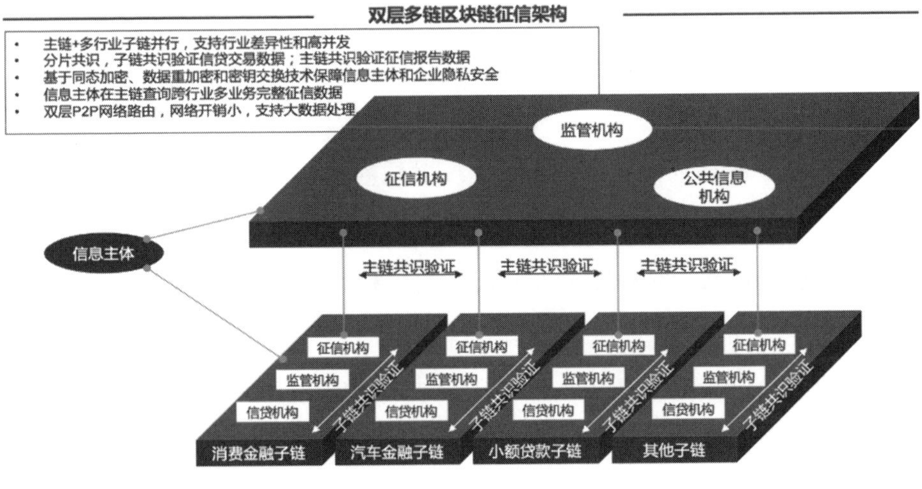

图 6-7 双层多链区块链征信体系架构示意图

四、主要内容

百行征信始终坚持市场导向和需求引领，同时借助股东力量，发挥各股东单位在征信产品上的优势，全方位开展合作，从推进数据库建设、加强金融科技运用、加快产品和服务的开发落地等方面助力数据要素市场建设，如图 6-8 所示。

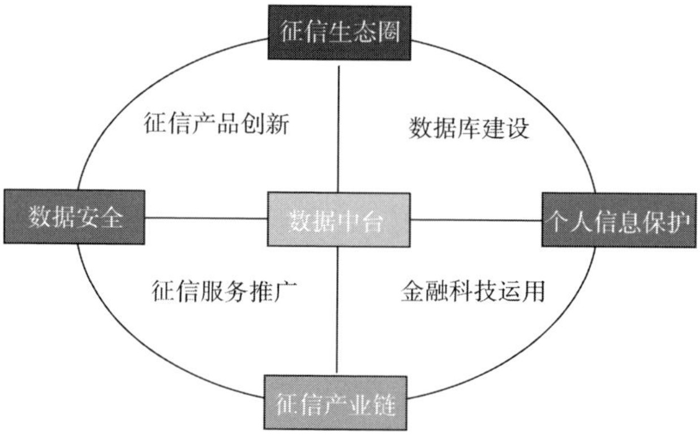

图 6-8 市场化个人征信机构助力数据要素市场建设

1. 数据库建设

在数据库建设方面，百行征信按照中国人民银行关于构建“政府+市场”双轮驱动征信发展模式的总体部署，以及配合互金整治、助力社会信用体系建设的工作要求，自开业之初先集中精力面向互联网金融和新金融客户收集信贷信息，在基本实现非传统金融数据全覆盖的基础上，同步面向消费金融、传统金融和金融替代信息源进行业务拓展，进一步夯实了产品和服务推送的底层数据基础。

2. 征信产品创新开发

在推进核心数据库建设的基础上，百行征信已推出了个人信用报告、特别关注名单、信息核验以及包括反欺诈规则报告、反欺诈评分、反欺诈风险画像等在内的反欺诈系列产品。同时，推出百行征信 App 服务平台，形成了初具规模的百行征信产品序列，将产品创新作为普惠金融与市场化个人征信有效衔接的关键支撑。

其中，个人信用报告是个人征信服务的基础产品，能够全面、真实、准确地记录个人信用活动，反映个人信用状况，是金融机构防范信用风险的重要参考依据。特别关注名单为接入机构提供第一道风控屏障，能够有效解决机构面临的多头借贷、恶意骗贷等线上欺诈问题。信息核验是互联网金融业务流程中的必要环节，通过整合第三方数据资源，能够确认交易主体身份的真实性和完整性。反欺诈系列产品主要解决机构面临的多头申请、团伙欺诈等问题，反欺诈规则报告提供超过 150 条信贷强相关规则，反欺诈评分是根据关系图谱分析关联概率，抓取异常关联形态，满足深度反欺诈需求。此外，百行征信 App 旨在运用移动互联网技术，逐步实现为消费者提供一站式信用管理服务。

3. 征信服务推广与应用

在服务小微企业方面，百行征信积极响应国家关于增加征信产品供给，破解小微企业“融资难、融资贵”难题的号召，组建小微企业征信部，结合小微企业与企业高管个人关联性强的业务特征，以小微企业征信业务为切入点，逐步培育、开展企业征信业务。2020 年 7 月，百行征信获得企业征信牌照备案，推进创新开发电力征信、风险预警、关联风险分析、多头借贷申请、高科技企业评估等企业征信产品，快速形成服务中小微企业的征信产品矩阵。在积极研发小微企业征信产品的同时，也正推进企业信用数据库建设，助力中小微企业融资和普惠金融发展。

2020 年新冠肺炎疫情以来，百行征信积极履行社会责任，一手抓疫情防控，一手抓客户服务提升，保障业务系统平稳运行，对外服务实现 7 天 24 小时不间断。同时针对疫情防控时期的特殊金融服务需求，本着“防控疫情、服务行业、服务社会”的理念，及时制定发布了百行信用帮扶十条举措，具体包括提示和全力协助各合作金融机构做好对因感染新冠肺炎住院治疗或隔离人员等四类人群的征信数据报送工作；针对湖北地区金融企业和个人实施各类产品额外折扣的降费措施；开通消费者应急服务通道，提高异议处理时效等。

五、创新亮点

在行业开放度和金融科技水平快速提升的背景下，百行征信积极与各类金融机构、业务伙伴相互赋能，创新发展理念与业务模式，通过数据共享和能力共享，努力构建征信生态产业链。

产品研发方面，百行征信提出了“碗里—锅里—缸里—仓里—田里—山里”的“6个筐”的发展理念。结合公司平台化发展战略和市场需求，从个人信用报告开始，按照“6个筐”迭代开发逻辑，建立了成品池、半成品池，以及储备池Ⅰ、Ⅱ、Ⅲ、Ⅳ等6个部分，形成具有前瞻性、专业性的产品研发与储备递进的产品建设推进梯队。目前，除去成品池内已经上线的6款产品外，半成品池有10款产品正在研发。针对仲裁数据、消费信贷数据，以及后续授信评估、信贷资产价值评估等方面，百行征信已初步在4个产品储备池中规划超过33款产品，同时力争在三年内逐步实现信贷、决策、服务和营销全方位，贷前、贷中和贷后全流程的信用信息大类产品全覆盖。

客户服务方面，百行征信提出了服务B（机构）、C（个人）、G（政府）、S（社会）端各类客户的市场拓展理念。在持续的数据积累和产品研发基础上，百行征信不断扩大服务范围，打通服务渠道，服务触角从B端，逐步延伸到C端和G端，形成全面的客户服务生态。面向B端，百行征信“自下而上”开展服务推送，从非传统金融机构到传统金融机构，不断形成服务黏性。截至2020年6月末，百行征信已服务客户类型达到20余类，涵盖P2P、小贷公司、消费金融、融资租赁、民营银行、村镇银行、城商行、农商行、全国性股份制商业银行等；面向C端，顺应移动互联趋势，于2020年初推出App服务，正式面向社会公众推送个人信用报告，满足消费者知情权的需要，同时形成征信公司、信息主体和信息提供者三方数据质量联动；面向G端，与中国人民银行成都分行、深圳市福田区政府、江苏省联合征信有限公司等开展了有益的合作尝试，正在有条不紊地扩大G端服务领域。

管理创新方面，百行征信提出了积极打造数据、产品和服务三大平台的业务构想，如图6-9所示。首先，数据中台作为基础平台服务于整体业务开展，搭建数据沟通渠道，逐步完善数据层、产品层、开放平台层和行业层的差异化技术架构和管理机制，提升海量数据采集、存储、加工、治理和应用能力，深入挖掘数据赋能业务发展的积极价值。征信机构数据中台建设，横向要实现跨多段全域应用分析以及智能数据构建与管理，实现不同数据源的入库、支持与传输，以及数据建模、加工、计算与分层；纵向要完成数据可视化输出，嵌入各业务线工作流程，实时智能分析，全方位、多渠道洞察客户需求和行业发展痛点，实现业务智能化增长。为此，要逐步形成确立征信主数据标准和应用规范，实现多源异构数据统一治理，形成数据质量全流程跟踪，实现流批一体化，人工与系统智能结合识别和标记异常数据，保障数据加工结果的正确性，全面提升数据服务时效性。其次，产品平台能够借助大数据、人工智能、联邦学习等技术创新征信产品和服务，提供模块化、灵活化的征信产品组件服务，助力征信机构通过自主研发及外部合作相结合的模式，缩短产品和服务研发周期，快速响应市场需求，为各类客户提供定制化、个性化、多元化的征信服务。此外，两大平台共同支持客户服务平台的建设，分阶段、分步骤优化技术基础、中台支撑、前台服务、接入渠道等四层级结构，提高异议处理和客户服务双流程运行效率，实现客户服务中心由异议处理中心向半智能服务中心的过渡，最终完成向智能服务中心的转型，功能定位上由现阶段的异议处理为主、客户服务为辅，向异议处理为辅、客户服务为主转变，为各类金融机构和业务伙伴建立全方位、多层次的服务体系，打造并迅速延伸征信产业链，推动征信行业数字化、网络化、智能化发展。

六、建设成效

全面提升服务能力既是市场化个人征信机构的主要工作目标，又是其不断发展壮大的必由之路。自 2018 年 5 月正式开业以来，百行征信在数据库建设、产品创新、征信服务、科技创新等方面均进行了积极探索，取得了初步成效。

数据库建设方面，截至 2020 年 6 月末，百行征信已拓展金融机构达 1768 家，接入数据共享协议签约机构近千家，信贷记录超 24 亿条，个人

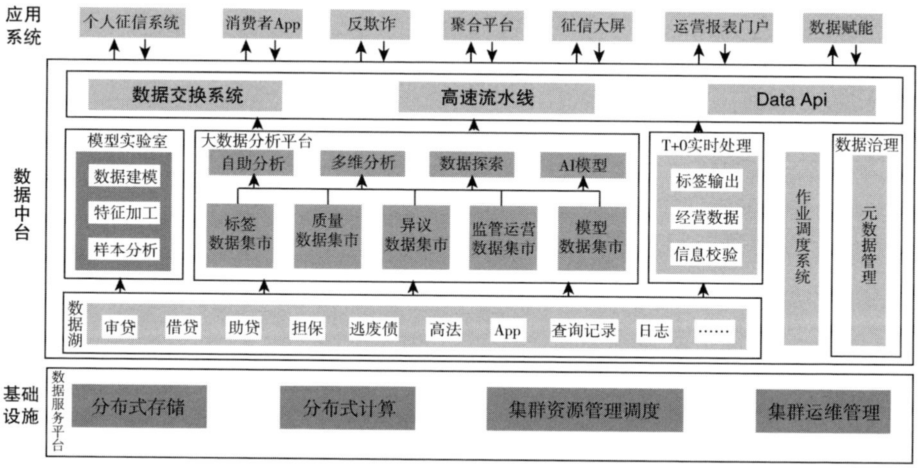

图 6-9 市场化个人征信机构数据中台

征信系统收录个人信息主体超 1.3 亿人；累计收录 P2P 借款人 4000 余万，基本实现了网络借贷人群全覆盖，有效配合互联网金融专项整治工作。同时，对接了公安身份信息、运营商手机信息、银行卡信息、航空出行信息、铁路出行信息、失信被执行人信息和互金逃废债信息等 9 类金融替代信息，并与地图地址信息、地方政务信息、生活服务信息等 5 类信息源达成合作意向。

产品服务方面，自 2019 年 5 月 5 日正式面向机构开放查询以来，截至 2020 年 6 月末，百行征信个人信用报告日均查询 50 万笔，累计使用量超过 1.3 亿笔；特别关注名单、信息核验、反欺诈系列等增值产品，日均查询 25 万笔，累计使用量超 5500 万笔。所有产品使用量每秒 8.7 次，且在稳步上升。在现有产品的基础上，预计到 2020 年底，百行征信总产品数将达到 17 款以上，形成对信贷生命周期的多环节覆盖、对信息主体的直接服务和对市场机构的定制化服务等多领域、多方位、多层次的产品体系。

2020 年，是全面建成小康社会和“十三五”规划的收官之年，也是百行征信未来三年战略规划发展的开局之年。以构建“一圈一链”为未来三年的核心发展战略，百行征信致力于搭建数据、产品和服务三大平台，整合链接上游数据源和服务商、赋能下游金融机构等各类客户，持续探索运用新技术重构底层技术平台，将自身的数据产品及分析工具融入各类客户的风险决策中，打造场景化风控模型，全面供给贷前、贷中、贷后全流程产品体系，满足消费金融、普惠金融“千人千面”的画像需求。

本章结语

金融服务源于社会发展需要、消费需要、交易需要，与现代信用服务运行模式紧密对应。本章介绍的综合金融五项案例中，详述了信用大数据如何赋能中小微企业，解决其“融资难、融资贵、融资慢”问题；个人信用报告、特别关注名单、反欺诈产品等基于信用大数据的市场化个人征信产品，减少了信息不对称、缓解了多头共债问题，有效推进个人征信行业快速发展。从以上应用场景来看，社会信用体系建设深刻地影响了金融行业发展，丰富和开拓了金融技术、工具、产品和服务，提高了金融业的运作效率。受篇幅所限，在实际建设中还存在更多场景，例如行业协会联保信用贷款、政府信用协议贷款、出口信贷与出口信用保险等。

展望未来，“信用+综合金融”应用将逐步向数据来源多样化、产品服务个性化、服务对象全面化、风控手段丰富化等方向发展。

一是数据来源由单一的征信数据向社会信用数据拓展。随着现代经济信用化程度的日益加深，信用关系逐渐成为主要的社会关系，服务全面渗透人们的生产与生活，传统以金融借贷为主的征信数据已不能满足应用要求，主体的社会信用数据，如互联网行为数据、消费数据、政务数据等将从更多维度全面、精准地刻画主体信用画像，为普惠金融服务的提供奠定坚实数据基础。

二是产品类型由批量化转向个性化、差异化、定制化发展，业务由线下实体化转向“全线上化”。依托信息技术和征信记录，对金融服务和产品进行改造和重构，打造新型生态系统，推进各主体之间的交易透明化、可视化、可追溯，让金融需求对接更精准，产品类型更丰富，定价更合理，更能满足企业个性化融资贷款需求。移动互联、大数据、区块链等技术对商流、物流、资金流和信息流的整合使得业务线上闭环管理变得可能，全线自动处理和服务大大提高金融服务效率。

三是业务导向由高成长型、大中型、国有企业转向中小微、新兴企业，并向全行业铺开，纯信用贷款模式不断探索推进。以往金融机构缺少信息资源与渠道，对部分了解不充分的企业、高风险行业“不敢投”，互联网和大数据实现了公共与市场信息资源的共享，机构能够有效整合消费、交易、贷款等数据，生成信用档案，计算信用分数，批量生成白名单，决定提供的金融产品或服务，有效解决长期以来信息不对称、缺少有效抵押物等瓶颈问题。对符合准入条件的客户，自动核定授信额度，随时签约放款，无须抵押、无须担保，解决了“融资难、融资贵”问题。

四是风险防控手段更为丰富、监管效果更好。信用风险贯穿于整个信贷业务的过程，贷款分类不准确、贷后管理意识不足、管理手段欠缺是风险形成的重要原因。深化人工智能等新兴技术应用，构建自主可控的智能风控生态，从源头上分析、预测、控制，把好第一道关口；构建先进的风险预警体系，改变传统模式下的判断表面化和反应滞后的状况，加强风险搜索的系统性和准确性，对波动趋势做前瞻性判断，争取风险管理工作主动性；合理运用信用衍生产品，将信用风险剥离出来单独进行交易，从而对风险进行持续控制，推动从被动、静态和事前的管理方式，向主动、动态和事中的管理方式转变，全面提高信用风险管理能力。

第七章

场景金融

社会信用体系的建立和完善是我国社会主义市场经济不断走向成熟的重要标志之一。社会信用体系的建设催生了信用大数据的发展应用，如何结合信用大数据和行业特色数据，打造一个提供精准垂直服务、更突显市场差异化的品牌，实现对垂直细分领域场景的渗透和挖掘，逐步解决银行与垂直领域中小企业之间信息不对称问题，有效提高信贷获得的便利性，降低融资成本，进一步促进普惠金融的发展，成为越来越多信用服务机构、行业服务者专注解决的问题。

第一节　商圈信易贷为圈内企业谋发展

商圈信易贷，是面向特定商圈内小微企业、个体工商户的经营类信用贷款产品。基于商圈内企业多属于同一行业、类似行业或相关行业的群体特征，以易商圈信用大数据评估平台作为载体，依托商圈信用大数据，通过评估模型，为商圈内企业智能化精准画像，实现为商圈所属行业建立评级标准，从而合理定制特色商圈信易贷产品。基于对商圈企业特点及信息的把握，易商圈平台已在建材商圈、汽车商圈、百货商圈、跨境电商商圈、美容商圈等各类特色商圈推广信易贷产品，助力商圈内小微商户发展。

一、需求分析

以建材家具商圈为例，建材行业市场规模体量大，行业内小微企业占比大。从建材行业市场规模来看，根据中国家装建材协会数据，2018 年我国家具建材行业市场规模达 4.8 万亿元，相比 2012 年的 3.7 万亿元，平均年复合增长率达 5.3%，发展平稳。从建材行业企业特点来看，建材家具小微商户超 200 万户，就业人口超 2000 万人，建材家具行业竞争呈典型“大行业小公司”格局，品类杂（近 80 个品类）、品牌多（超 2000 个品牌），行业整体集中度较低。据国家统计局数据，建材家具规模以上企业数量不超过 3.5 万家，规模以上企业占比整个建材家具行业仅 1.75%。

面向建材小微商户的普惠金融产品覆盖面有限，融资难、融资贵难题仍存在。针对建材小微商户的信用产品，年化利息 12%以内的信用贷款仅有以“税”为场景的税贷产品，一般要求企业纳税信用达 C 级以上。截至 2019 年末，纳税信用 B 级以上企业共计 1163 万户，均以中大型企业为主；

建材小微商户70%以上的纳税信用级别均为M级，有些甚至难以获得评级。可见，此类税贷产品对纳税信用级别的硬性要求，使得其很难普惠至建材小微商户。此外，据权威机构统计，除税贷产品年化利息在12%以内，剩余金融产品年化利息均超过15%，且主要依托以房子为核心场景，根据房屋的总价值或剩余价值或按揭金额的倍数来授信一笔信用贷款。当前以平安银行为主的平安新一贷或平安惠普旗下的相关贷款产品为主流信用产品，由于其还款方式的特殊性，其实际年化综合成本均超过18%。

以实际案例分析说明：

商户林女士夫妻二人外加4个店员共计6人以设立个体户的方式在红星美凯龙商场经营科勒卫浴品牌，店面已经营8年，商铺面积150㎡，需求资金主要用于日常经营。

若按照银行传统方式授信，需提供林女士的银行流水、纳税证明、资产清单、购销合同等相关材料，最终以纯信用的授信方式授信金额不超过30万元，年化利息达18%。由于林女士主要以零售为主，基本通过私人账户收款，而终端客户也没有要求开发票，以致全年纳税额不超过5万元，纳税级别属M级，但由于林女士名下有两套房产，最终由某城商行发放一笔灵活金贷款产品。灵活金产品主要以房产价值为参考标准，利息按天计息，每天计息万分之五，年化利息18%。

若按照商圈信易贷的评级模型授信，一是通过入驻商场的店面，可判定其实际经营和贸易背景的真实性；二是通过入驻时间的长短，可证明其经营成果，区别于传统的银行流水材料；三是通过代理品牌的级别，可判定经销商的综合财力以及团队销售能力，区别于银行所要求的资产证明；四是通过林女士名下在本地区域的房产数量以及经营的年限等综合信息，可判定林女士的经营成果。

以上案例证明，商圈内的商户经营健康度，主要从商户贸易背景是否真实、经营成果是否良好、借款用途是否清晰、还款来源是否明确来综合判定商户的信用价值。

商圈小微商户精准画像面临巨大挑战，其主要原因在于商户经营大数据相对缺失，尤其是针对细分行业的经营大数据更加稀缺。我国传统信用评估体系不够健全，金融机构获得借款人资信情况的成本很高，甚至无法获得借款人的信用信息。一些新型金融机构通过自建或者共建平台积累网络信用数据，缓解信用评估难的问题，但仍面临数据量不足、各自为战的问题，以致只能依靠传统的风控维度来设计金融产品。针对目前信用评估信息缺失的情况，信用评估专家核心观点认为，除了呼吁央行的征信登记系统向社会开放，更要着力于建立民间的细分行业信用评估系统。因此，易商圈信用大数据评估平台应运而生。

二、场景概要

商圈信易贷是致力于解决商圈小微企业融资难及信用信息不对称等行业痛点的信易贷新模式。其以易商圈信用大数据评估平台作为商圈信易贷的载体，该平台主要专注于建材商圈、汽车商圈、百货商圈、跨境电商商圈、美容商圈等各类特色商圈，基于所积累的商圈各类特色信用大数据（包括但不限于企业背景、经营信息、征信信息、消费者及协会的评价信息以及工商、税务、消防等公共信息），借助区块链、大数据、智能算法等核心技术，结合行业专家的丰富经验，针对细分行业进行深入的研究，构建了精准画像评估模型和智能评估体系，为商圈内小微企业提供智能化的精准画像服务。

以建材家具商圈为例，易商圈信用大数据评估平台以建材家具商户（以下简称“建材商户”）为主要评估服务对象，联合“政、银、企、消、信”为建材商户构建专属于该行业的可信信用评估模型，并精准地为建材商户评估计算可信信用分，如图 7-1 所示。可信信用分主要通过以下两种途径发挥作用：一是联合银行等金融机构为建材商户精准计算出可授信额度；二是将此信用分推荐至建材商户的下游装修公司及物业公司等合作单位，帮助建材商圈小微企业解决融资难及获客难的老大难问题。

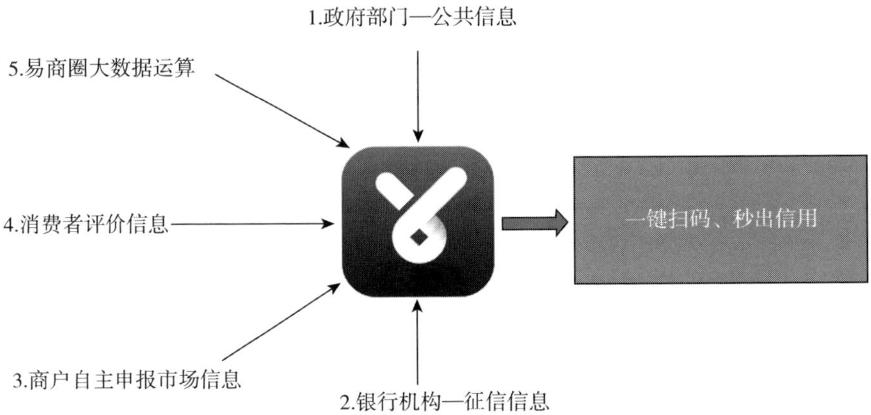

图 7-1　易商圈信用大数据评估平台示意图

三、技术架构

1. 系统架构图

易商圈信用大数据评估平台系统架构图，主要由信用数据平台、信用评价引擎、数据可视化与数据安全、应用服务等四大模块构成。

2. 网络拓扑图

易商圈信用大数据评估平台网络拓扑图通过爬虫采集来自新闻、杂志、互联网等载体的数据，首先由数据采集平台进行数据清洗与加工，再通过易商圈信用大数据评估平台进行数据分析。

3. 建模流程图

易商圈信用大数据评估平台建模流程图基于易商圈信用大数据评估平台采集的企业日常交易数据，同时借助国信大数据第三方平台数据，通过数据分析统计、评分算法、语义理解等手段，经由智能评估算法模型，得出商圈内可应用于金融场景的企业信用评价结果。

四、主要内容

1. 产品架构图

商圈信易贷产品架构图通过对接信用数据机构、银行、评估机构等，服务于商圈内的商户和消费者。

2. 功能架构图

商圈信易贷功能架构图主要包括商户服务接入、信用模型运算、电子化流程与客户管理、数据可视化与安全服务等功能。

3. 应用界面

商圈信易贷应用界面提供产品详细信息、贷款信息等，并可实现在线提交贷款申请。

五、创新亮点

商圈信易贷的核心亮点是将价值互联网的核心技术与信息互联网的高效流通特性相结合，实现对传统金融风控思维底层的变革，打造资产（银行出借的客户即建材商户）的数字化。在提升风控能力的同时，也提升资产以数字化方式的流动性和定价的效率。通过资产的数字化，不仅能帮助商圈商户高效地取得银行授信，还能获取终端零售客户或下游合作单位的认可，即在融资金的同时还能融流量。

易商圈信用大数据评估平台基于纯数字的信用评估模式，无须借款人提供经营流水、上下游合同、房产价值等授信评估材料，这恰恰也是商圈信易贷区别于银行传统授信模式的最大创新点。采用大数据采集技术收集商圈商户 360 度数据，通过智能算法透视数据背后的原理，推敲多条数据背后的关联性，算出每一个商户的清晰画像，最后采用区块链的存储标示技术，把每一个小微商户的画像形成数字化评估结果，分数不同，信用等级不同，整个计算过程体现人工智能的创新性与先进性；通过信用数字化评估来识别人群，便于银行清晰地贷前调查，借助易商圈信用大数据平台的互联网特性，把商户信用按照评估的分值推荐至商户的下游合作单位或终端客户，分数越高、评估价值越高、融资越轻松、下游获客越轻松；同时由于获客的轻松，还款来源也更加明确，商户的经营规模及市场占有率等全场景信息也会相应提高和透明化，进而分数也会更高。在让每一个商户都感受到信用有价的同时，也提高了商户的违约成本。

商圈信易贷的核心商业模式是在助力 B 端小微商户的同时，更能刺激 C 端消费，形成以数据为纽带的相辅相成、相互依托的良性循环关系。科技助力小微商户/企业，信用刺激消费，最终实现融资金融流量一体化的商业闭环。

六、建设成效

目前，易商圈信用大数据评估平台已搭建完成。基于在建材家具商圈各领域长期的积累，平台一经推出就获得了客户的一致好评；由于社会经济提升的刚需，各类商圈企业对该平台的推出和上线抱有极大的热情。平台日均访问流量可达到 10000 人次。

商圈信易贷正同步在数十个特色商圈运营，助力商圈内的 1000 万户小微企业发展。通过评估模型，以贷为入，以信为出，以商圈为支点，以商圈信用大数据为依托，以点带面，最终实现为商圈所属行业建立评级标准。在规范行业稳步发展的同时，可以有效缓解政府行政压力、提升银行放款效率，也能助力小微商户融资，刺激消费者快乐消费。

第二节　盘活油站经营数据，服务油站企业信贷

近年来，民营加油站发展迅速，但却面临着竞争压力大、品牌力弱、布局小而散、融资困难等问题。为了助力能源产业供应链上下游的中小微

企业获得融资，解决中小微企业融资难的问题，从而助力民营加油站更好地发展，“AI 油站”应运而生。通过利用区块链技术搭建产业信用联盟，建立民营加油站企业风险信用评级体系，为金融机构提供加油站可视化风险画像，企业经营情况实时监控。“AI 油站”通过动态累计加油站信用数据，增强平台风控能力，联合银行机构共同建立风险模型，打造能源信易贷，进而解决民营加油站融资难融资贵问题。

一、需求分析

在我国，加油站行业分为国企、外资、民营三大类。第一类是国有企业，包括中石化、中石油、中海油等；第二类是外资企业，包括壳牌、美孚、嘉实多等；第三类是民营加油站。据统计，截至 2019 年底，全国加油站数量将近 11 万座，其中民营加油站数量约为 44000 座，占比 40%。“三桶油”等国企依托政策优惠、资金实力、上下游优势等在成品油批发、零售行业占据主导地位；外资企业凭借资本优势、管理水平等在加油站行业也占据一席之地；众多民营企业则依托其灵活的营销策略等，在行业内迅速发展壮大。

伴随市场准入门槛放宽，绝大多数民营加油站面临着国营、外资巨头挤压，同时民营加油站存在品牌竞争力弱、市场布局小而分散、服务范围半径受限以及供应链把控能力弱等诸多问题。

随着互联网技术的发展，市场上出现了很多第三方平台为加油站提供服务，比如易加油、油帮帮、微车、加油宝、车主无忧等品牌，并且绝大多数都号称能够让加油更加便捷，让加油站获得更多的加油量，让车主获得更大的便利和优惠。然而这些平台都是将车主会员吸纳到自己的平台上，对于加油站来说配合意愿不高，加油站需要的是自主运营平台，让车主会员在自身的平台上不断产生更强的黏性，而不是依托第三方平台。“AI 油站”旨在帮助加油站建立独立自主的运营平台，管理人员可以远程监控总部下所有加油站的实时数据，制定运营策略，随时随地通过手机查看各加油站销量、充值等数据，还可远程查看各加油站历史数据，监控下属加油站油罐，配置优惠活动等，实现对加油站客户的精准营销。

在技术方面，“AI 油站”利用区块链技术将加油站的经营数据进行加密上链，在保证加油站数据安全的同时又能让这些数据获得银行机构的认可，从而获得融资。民营加油站通过主动上链，将数据进行保真，把数据的哈希值同步验证到众多的参与方，主动将自己的信息放在“阳光下”，大大增强企业数据可信度。加油站基于链上真实数据，向资金方争取融资优惠政策，减少对外部增信、担保、连带责任的依赖，通过自有数据获取更多融资渠道和场景。

二、场景概要

能源信易贷是基于信用大数据，为能源产业上下游中小微企业提供纯信用金融服务的一个创新应用场景。通过系统对接到成品油产业链各个交易环节，从上游供油商的成品油交易、运输，到中游加油站的管理、利润增长、用户运营等，再到下游车主的智能化结算和精准营销形成交易闭环。打通油贸与油站的采购结算数据和销售动态数据，掌握大量能源产业链条上中小企业资金流、信息流、物流信息，利用区块链技术建立信用体系，将买卖双方的财务数据、交易数据、融资与结算等数据交叉比对，采用量化分析，再通过数据模型来挖掘和构建企业的信用画像，帮助金融机构穿透到行业底层，对企业融资风险更好地进行辨别评估，切实解决链上民营加油站企业的融资难题。

三、技术架构

能源信易贷整体架构图如图 7-2 所示，通过区块链技术，将加油站业务管理系统、油品供应链平台系统中的交易数据上传至本地私有数据库，并将摘要值上传到区块链网络。银行机构通过数据网关传输的摘要值哈希验证，向油品供应链平台发出查询请求，通过返回明文来实现数据的加密传输。

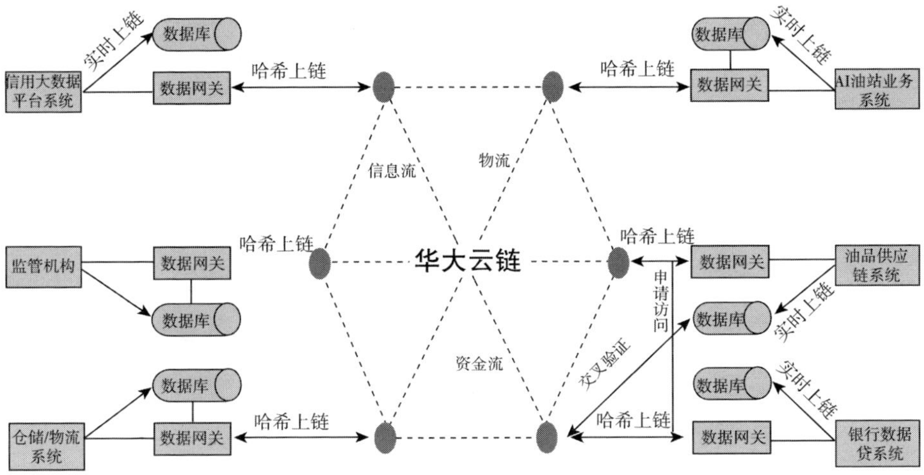

图 7-2　能源信易贷整体架构图

能源信易贷网络架构系统部署方案构架为：一是“AI 油站”业务管理系统将油站实时经营数据进行哈希加密，哈希值上传到区块链网络，并做全网广播；二是油品供应链平台系统将油站实时采购交易数据进行哈希加密，哈希值上传到区块链网络，并做全网广播；三是能源信易贷风控系统部署在国家信用大数据中心内网，并设置外联区，只有在外联区才能访问外网，保证数据安全合规；四是“AI 油站”数据、油品供应链平台数据定时抽取数据通过数据网关传输到国家信用大数据中心外联区，审核通过后进入内网，数据导入风控评估系统，能源信易贷风控系统基于“信用大数据+油站业务数据”进行回归分析与建模、验证，输出风控结果；五是银行系统调取国家信用大数据中心外联区接口，获取风控评估报告，数据信息经银行 ODS 到数据贷平台，由数据贷平台进行业务分析功能的实现。

能源信易贷建模流程及准入风控模型部分指标如图 7-3 所示。建模样本包含：

一是样本空间，与模型服务的业务流程及产品相对应，即从目标产品及业务线的真实进件中提取样本。当目标产品及业务线的进件无法满足建模要求时，可以考虑使用性质相近的业务线的样本或与成熟的第三方机构合作获取样本。

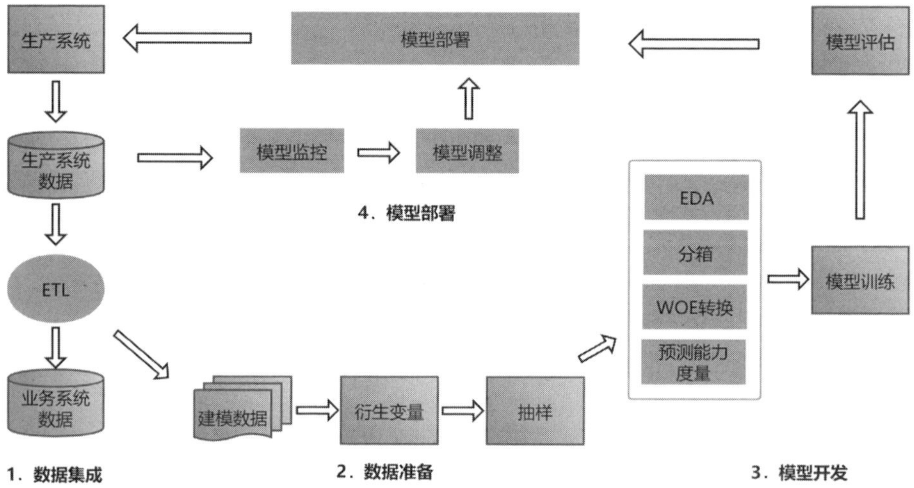

图 7-3　能源信易贷建模流程及准入风控模型部分指标

二是观察期，即用于建模的数据从观察时点起向前回溯的最远时长（申请人贷前的属性）。视可获得的数据源的回溯能力而定，对于风控建模而言，一般取 12 个月或更短。

三是表现期，即从观察时点起，考量或预测的申请人表现时间窗口。因信贷产品的风险释放存在一个过程，同时模型的预测范围也应有限。表现期的设定存在一个合理范围。可根据 Vintage Analysis 的结果，并参考业务相关经验进行设定。

四是 GBIE 标签，即定义 G（好）、B（坏）、I（灰）、E（剔除）样本。

应用区块链分布式账本和链上数据不可篡改的技术，与核心企业业务系统对接上链，链上链下数据交叉验证。同时，将整个风险模型部署在国家信用大数据中心内部环境，保证数据安全合规。基于国家信用大数据、“AI 油站”经营数据进行回归分析与建模、验证，通过系统为主、人工为辅的方式，累积反欺诈规则并迭代，建立风控模型，将风控结果结构化，输出动态风控报告，为银行机构提供辅助决策，及时发现风险。

四、主要内容

“AI油站”以华侨大学区块链协同中心技术底层为基础，将服务平台架构在华大区块链底层，打造能源产业联盟链。产品共分为四层：最底层是区块链数据层，通过抽取历史数据和当前数据加密上传到区块链，并对数据进行安全合规审查，数据可交叉验证、分析统计；中间是服务层，实现全流程线上化操作；再上面是产品层，根据场景需求实现金融产品可配置化；最上层是用户层，包括油站企业、供油商、物流企业、金融机构等。

关于“AI油站”业务流程，其流程包括：一是加油站在银行开设监管账户；二是银行根据历史数据，构建风控模型，给加油站批复授信额度；三是加油站委托供应链平台采购油品；四是供应链平台核实采购订单真实性并推送给银行机构；五是银行受托支付货款经加油站银行账户，再划拨至供油商账户；六是供油商收款发货；七是加油站销售回款。

大数据风控分为数据层、分析层、应用层。其中，在数据层实现全方位大数据收集，从而通过供应链、税控、征信、互联网四个维度数据的整合，为客户筛选和评级提供支撑；在分析层实现多维度大数据分析，从行业区域、企业、贸易质量、敏感信息等多维度对主体自动评级；在应用层实现全流程风险监控，最终达到贷前风险识别、贷中实时监控和贷后风险监控。

通过区块链共同记账共享数据，并借助区块链分布式、不可篡改、可追溯等特性提高数据的可信度，依托场景数据，将传统算法+AI算法相结合，协助银行机构建立准入初筛模型、油站信用评级、风险预警模型，构建油站风险画像，并可实现企业经营情况可视化监控。协助银行机构在贷前环节，优化贷款流程、优化风险模型以提高风险控制能力；在贷中环节，为银行提供附加服务、提前进行违约风险预警；在贷后环节，协助银行核实油品采购真实性，优化逾期贷款催收方式，并收集加油站金融服务流程的信用数据用于下一轮服务征信，形成信用闭环，辅助二次营销。

五、创新亮点

1. 业务亮点

利用区块链技术搭建产业信用联盟，建立民营加油站企业风险信用评级体系，为金融机构提供加油站可视化风险画像，实时监控企业经营情况，助力能源产业供应链上下游的中小微企业获得融资，从而解决小微企业融资难的问题。

2. 技术亮点

“AI 油站”的技术亮点体现在：一是交易链条全闭环，即通过系统对接到成品油产业链各个交易环节，从上游供油商的成品油交易、运输，到中游加油站的管理、利润增长、用户运营等，再到下游车主的智能化结算和精准营销形成交易闭环。二是区块链+信用大数据智能风控，即应用区块链技术对油贸与油站的采购结算数据和销售动态数据实时上链，保证数据不可篡改，并对买卖双方的财务数据、交易数据、融资与结算等数据进行交叉比对，比对结果实时上链，采用量化分析，建立风险评级模型，构建企业信用画像，帮助金融机构穿透到行业底层，对企业融资风险更好地进行辨别评估。

六、建设成效

“AI 油站”已经对接贵州、云南、湖南、福建等全国 200 多个加油站，平台已累计注册超百万车主会员，系统每日营业流水达 1000 多万元，单个加油站每个月的营业额在 150 万到 300 万元之间。由于加油站财务数据差、缺乏抵质押资产，目前市面上融资成本多达 18% 以上。“AI 油站”通过动态累计加油站信用数据，增强平台风控能力，联合银行机构共同建立风险模型，打造能源信易贷，银行为加油站发放年化利率为 5%～7% 的贷款，大大降低民营加油站融资成本，解决民营加油站经营所需的资金问题，更好地应对市场环境所带来的风险，帮助民企做大做强。另外，银行通过打造能源信易贷，服务于实体经济，响应国家战略，加速地方经济发展，扩大经济规模效应。

第三节　工程信易贷让工程行业融资顺畅

我国工程建设行业市场规模大、增速快，以中小微企业为主。然而工程建设行业内中小企业因缺乏抵押物难以从银行获得贷款，更难以通过信用获得融资，因而资金严重短缺是工程建设行业的一大痛点。为了破解这一难题，“工程信易贷”应运而生，以信用赋能工程行业中小微企业融资，基于行业大数据建模，实现对行业内企业的及时动态信用评价，快速精准辅助金融机构授信。此外，基于对工程行业贷中、贷后全过程的供应链管理，降低金融机构放贷风险，搭建起金融机构与工程企业之间有效的沟通桥梁。

一、需求分析

据官方不完全统计数据，全国工程建设行业每年市场规模年增长率超过15%，其中中小企业占据着将近90%的市场份额。但这些中小企业虽然有大量订单，却面临着资金不足、融资难、融资贵的难题。行业项目大多属于“交钥匙”工程，或工程进度与资金进度存在明显的时间差，施工周期内需要中标人垫资施工；而工程建设行业企业又以中小企业为主，一方面无法凭信用从银行得到融资，另一方面这些企业大多轻资产运营，缺乏抵押物进行抵押融资，导致在项目建设过程中资金严重短缺。另外，传统的融资过程烦琐，手续复杂，借款人从申请借贷到成功获得款项需要花费较长的时间，无法解决燃眉之急。

为了解决上述工程建设行业的痛点，基于大数据实现对工程建设行业的信用评级服务，并成功运用于金融领域的“工程信易贷”商业模式应运而生。通过“行业+信用”赋能金融机构，助力解决中小微企业融资难题，实现快速推广应用。

二、场景概要

“工程信易贷”是为解决工程领域广大金融机构普惠金融产品信息不对称、推行成本高、贷后风险管控难以及融资难、融资贵的困难，响应国务院号召推出的特色金融服务产品。

产品依托工程行业的信用大数据，构建具有行业特色的信用评级体系，为用户提供评级服务，并将此信用评级结果替代金融机构的部分贷前尽职调查功能，快速精准辅助银行授信；并引入了覆盖资金使用全过程的供应链管理和风险跟踪，确保贷款用途真实可靠、风险可控，从贷后方面，通过大数据为金融机构降低信贷风险。

三、技术架构

1. 技术方式

“工程信易贷”平台依托国家信用大数据创新中心的权威数据来源，构建了工程行业的信用大数据库，如图 7-4 所示。在技术上，通过利用区块链、人工智能等先进技术，建立了针对工程行业中小微企业的信用评级模型，通过信用评级模型对行业经济主体的偿债能力及偿债意愿进行综合信用分析评估，并生成信用评级报告输送给金融机构，辅助贷前授信。

2. 数据建模

“工程信易贷”平台以分布式机器学习和分布式训练算法为基础架构，建立可信的数据智能分析处理，以“联邦学习”“强化学习”等前沿人工智能算法为基础，确定跨模态信用数据的维度权重指标（涉及企业背景、行业实力、创新能力、经营状况、信用历史等上百个维度），形成多种企业信用评级模型、风险控制模型，并实现模型自我优化，提高海量数据的自我修复、自我更新能力。

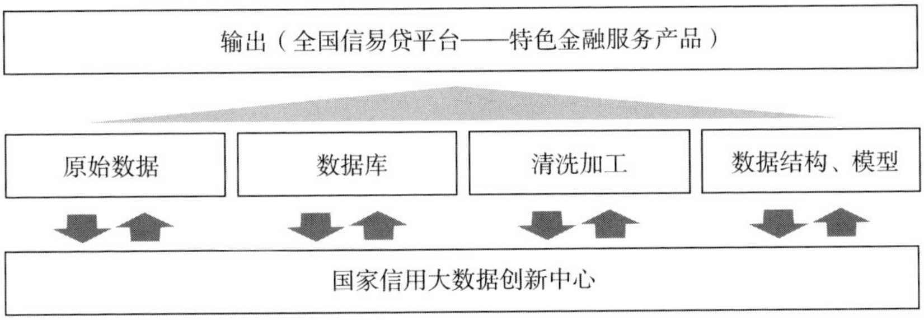

图 7-4　信易贷平台技术流程

四、主要内容

“工程信易贷”平台基于行业大数据科学建模，按照维度重要性进行权重计算，及时动态地对行业内企业进行信用评级，并将此信用评级结果推送给金融机构，替代金融机构的部分尽职调查功能，从而快速精准地辅助金融机构授信。

“工程信易贷”产品已经入驻全国中小企业融资综合信用服务示范平台的特色服务板块。用户可直接从其官方网站、“信易云”小程序提起申请，系统通过模型自动为企业进行信用评级并匹配授信额度。

五、创新亮点

1. 行业信用赋能

“工程信易贷”突破传统信审模式，通过应用国家公共信用大数据，与金融机构共建风控模型，实现了公共信用信息与行业信用信息的融合创新，能够动态地测算不同阶段企业的真实信用，实现真正的信用融资和主动授信。

2. 供应链管理赋能

通过深度研究行业供应链模式，“工程信易贷”建立了穿透贷中、贷后全过程的供应链管理，做到从采购、签约、支付到物流的全过程监管，确保了交易行为的真实可靠。

六、建设成效

“工程信易贷”产品自2019年11月正式上线以来，目前已获得国家发展和改革委员会的肯定，并无缝连接金融渠道，与中国邮政储蓄银行形成全国性战略合作，成功入驻全国中小企业融资综合信用服务示范平台（全国信易贷示范平台 https://www.celoan.cn/）。

截至2021年2月，工程信易贷平台已覆盖全国 大部分省市市场，注册用户超120万家，通过平台已经为8862家企业带来了超过121亿元的授信额度。平台还将根据细分客户的需求，与多家金融机构合作，开发不同产品。

第四节　搭建国际贸易保障桥梁

在国际贸易风险当中，由于海外买家拖欠、拒付或破产等信用风险产生的问题日益凸显，给进出口企业带来大量无法挽回的经济损失。为有效防范此类国际贸易风险，亟须企业树立信用风险防控意识，在交易全过程中紧密跟踪合作伙伴的信用状况。海外企业信用报告通过深入挖掘海外企业的经营发展状况、财务情况以及股东、法人等信息，对企业进行信用评级，以便准确掌握海外企业的信息情报，确定是否继续进行交易，提前调整合作方式，尽可能规避商业风险。而商账催收服务则是在风险发生后，运用合法的催收手段和方式，通过提供逾期账款回收服务，实现资金回笼，降低资金坏账率，从而维护企业财务现金流。通过向进出口企业提供海外企业信用报告和商账催收服务，可以有效降低进出口企业的海外交易风险，为进出口企业提供有力的货款保障。

一、需求分析

在中国进出口量连年攀升的同时，海外买家拖欠中国企业货款的情况却越来越严峻。据商务部研究院对全国近千家出口企业所做的统计显示，我国出口企业的平均坏账率在5%以上，有的企业甚至高达30%，世界平均水平为1%左右，而发达国家如日本、美国等国家出口企业的平均坏账率仅为0.25%~0.5%。根据中国信保发布的近几年的理赔数据，如2018年1~12月浙江信保接到浙江企业相关报损案件超2600宗，案量较2017年增长约19%，金额增长约28%；2019年1~6月报损数量相比2018年同期增长约17%，报损金额同比增长约38%，也可以看出海外信用风险仍在持续升高。

而根据相关数据统计，中国从事进出口业务的企业中只有11%建立了自己的信用监管体系，而这11%当中又有93%是具有外资背景的跨国企业。中国进出口企业普遍缺乏对交易对手信用风险管控，一方面主观风控意识淡薄；另一方面，全面的信用数据获取有难度，导致进出口企业没有足够的信息对客户进行信用分析，在交易时凭主观臆断，使部分不法客商利用信息不对称逃避付款责任，给出口企业造成货款损失。

在逾期产生之后，缺乏对应收账款的账龄管理。发达国家应收账款的账龄不超过60天即会去全力追收，而中国企业委托收账时的拖欠时间一般在18个月左右甚至更高，逾期时间越长，追回率越低。在实际追账方面的难点主要表现在：距离遥远，无法时时密切跟踪账款回收；不熟悉当地国的法律，语言不通；诉讼费用高昂，司法效率低下。因此，单个企业追账的力度有限，逾期后的回款率极低，直接导致海外坏账率居高不下。据估算，进出口企业每年被拖欠的海外货款超过150亿美元。

二、场景概要

信用视界平台作为综合信用管理服务平台，通过为进出口企业提供货款保障服务，包括针对海外企业的信用调查报告和商账催收，旨在帮助进出口企业在交易前、交易中和交易后的全流程管控客户信用风险，减少货款拖欠损失。

海外企业信用报告覆盖全球216个国家和地区的3亿多家企业信用信息，进出口企业通过审查交易对手详细的信用信息，规避不良买家，锁定更优质的合作客户。而对于逾期后的货款，催全球商账催收对接全球600多家正规商账催收机构，为进出口企业搭建起连接全球商账机构的桥梁，帮助进出口企业高效地实现本地化催收，提高回款率。

三、技术架构

信用视界平台主要运用了数据采集、数据存储，数据处理、数据分析以及可视化展示等核心技术。

1. 数据采集

数据获取途径主要包括三类：一是互联网大数据采集，二是通过接口对接，三是其他数据采集方法。互联网大数据采集是指通过网络爬虫等方式，从网站上获取数据信息；接口对接是通过已有或公开API接口直接调取数据；其他数据采集方法，是根据不同的目的采用不同的网络爬虫，基础数据积累采用线下爬虫采集，实时动态更新的数据采用在线爬虫动态采集。目前，信用视界涉及的采集数据源数以百计，并不断增加。

2. 数据存储

根据不同的目的，主要采用的关系型数据库有MySql与Mssql，非关系型数据库有HBase。为防止系统出现操作失误或系统故障导致数据丢失，通常情况下，采用在线实时主从同步与定时硬盘数据冷拷贝两种备份方式组合使用。其中，HBase数据库主要用于存储日志文件，并与MapReduce

结合进行基于云计算的数据挖掘。

3. 数据处理

通过互联网数据网络爬虫方式获取的海量数据，会存在大量的无效数据，需要对这些脏数据进行清洗。清洗数据的前提是确定相应的规则，目前，信用视界针对不同的数据字段内容已经制定了相应的清洗规则，并可以通过独立的在线数据清洗平台进行数据预清洗。

4. 数据分析

数据分析对建模（Modeling）阶段的工作至关重要。信用报告的核心内容是信用评级。为提升信用报告的可读性，信用视界通过专业的信用评级模型实现数据的可视化应用。

四、主要内容

通过将信用风险管理的产品和服务整合到信用视界平台，为进出口企业提供保障服务，主要包括海外企业信用报告以及催全球商账催收服务。信用视界作为国内权威的企业信用信息在线查询与综合信用管理服务平台，能够在线实现征信源数据的采集、数据的清洗、数据的加工和分析、征信产品的输出，整个过程包含 33 个流程节点，90%以上实现完全自动化处理。下面主要以海外线用报告及催全球商账催收服务网站及小程序为例进行界面展示。

1. 海外信用报告

海外企业信用报告，依托国际联盟合作伙伴，信息源丰富可靠，除覆盖 216 个国家和地区的线下报告外，更可以提供欧美 11 国的线上瞬时查询。利用大数据实时获取 11 国企业信用信息，进出口企业能够以极低成本获取交易对手的全面信用信息。在交易前阶段，通过企业资信报告了解合作对象，能够对新客户进行交易前的审查，规避危险交易方式；在交易中或与老客户的长期合作中，及时掌握对方的变化，根据客户经营变动及时调整信用政策。以上措施能帮助进出口企业规避 70%的信用风险。

进出口企业登录信用视界网站后，可以点击不同产品模块来查看产品介绍。点击增值服务，进入海外信用报告模块，可以查看样本报告及不同国家报告价格，并可以在线下单信用报告，方便快捷。对于英国、法国、美国、德国、爱尔兰、卢森堡、瑞典、意大利、荷兰、挪威、比利时等11国的企业，信用视界网站与世界征信联盟进行数据合作，一键检索各联盟数据库，可以在线实时生成报告，报告生成仅需10秒，为进出口企业缩短报告获取时间，帮助进出口企业快速识别新客户、跟踪老客户，低成本高效识别交易对方风险。

2. 催全球商账催收服务

催全球商账催收服务，是针对进出口企业海外催收中的难点，致力于搭建连接进出口企业与海外各国专业商账催收机构的桥梁，通过对催收机构整体优劣势进行评价，建立催收机构评分体系，与进出口企业逾期账款特征进行匹配，帮助进出口企业实现拖欠货款的海外债务本地催收，高效回款。

进出口企业可以通过信用视界平台催全球标签进入催全球商账催收服务页面，或者直接登录催全球商账催收服务网站进行访问。通过催全球界面，进出口企业可以了解到海外商账催收服务内容、服务流程和服务优势等，可以在线咨询客服或线上提交催款需求；也可以在页面通过扫码等方式进入催全球微信公众号或催全球小程序等，获取更多海外商账参考信息和服务。

通过催全球小程序的智能案件测评，进出口企业可以通过提交案件相关信息，获取案件测评结果，包括自行催收及委外催收成功率预测及相关分析建议，为进出口企业处理逾期账款提供参考依据及处置建议。

五、创新亮点

1. 海外企业信用报告

传统的海外企业信用报告，一般需要8~10个工作日才能出具，为缩短报告制作周期，信用视界平台与更多的系统进行对接，并对获取的多维度数据进行建模和分析，实现了可视化展示，推出了海外 11 国企业的在线信用报告。任意用户登录信用视界平台均可实时查询海外 11 国企业的在线资信报告，获得目标企业的信用评级资料。

要实现海外企业信用报告的即查即得，难点是如何将不同渠道获取的杂乱数据以固定的报告模式快速输出。基于对数据筛选规则的梳理和模型搭建等工作，通过人工智能算法对多渠道获取的数据进行初步筛选，过滤掉无效数据，并按照规则将过滤后的 1000 多条数据归总为 11 大维度若干小类数据，并根据评分模型对数据进行分析，确定企业信用评级分数及参考信用额度，输出完整的信用报告。

2. 催全球商账催收服务

催全球商账催收服务的创新亮点在于基于多年的渠道对接与积累，汇集了大量海外催收机构，并实现对这些海外催收机构数据的汇总和分析。

首先，建立针对催收机构的评分机制。综合催收机构的各项指标，包括成立时间、机构规模、机构性质、覆盖地域、催收资质、信用评级、费率、回款及反馈情况等进行评价，并不断在后续合作中依据催收机构的具体表现进行评分调整。

其次，根据催收案件的特征，建立了回款分析和匹配模型。根据每个案件影响回款所涉及的国家、账龄、金额、拖欠原因、债务方经营现状、纠纷情况等因素，优先匹配最合适的催收机构来处理案件，既保证了案件内部的流转效率，也尽最大可能提高回款概率。催全球首创的智能案件测评功能，也是基于回款分析模型，为进出口企业提供线上快捷的回款数据分析，帮助企业初步判断回款难度，提供催收建议。

六、建设成效

1. 信用视界海外企业信用报告

信用视界平台企业用户细分行业涵盖 60 种以上。截至 2019 年底，累计为中国企业提供商用级企业征信报告超过15万份，其中为进出口企业提供线上及线下海外企业资信报告超过5万份，并且每年以近万份的数量增加。海外企业资信报告为进出口企业在选择贸易伙伴、签订合同、确定结算方式等方面提供风控支持，有效帮助进出口企业规避出口风险。

海外企业信用报告应用案例如下。

出口方：宁波某贸易公司（甲方）

进口方：法国某公司（乙方）

出口货物：灯具产品

双方于2018年中旬建立合作，甲方向乙方供应灯具产品。刚开始合作，出于谨慎，付款方式为装运前电汇全款。由于双方合作一直良好，在2019年10月，乙方提出希望能将付款方式更改为30%预付、70%到货后30天内付款，以缓解其100%预付方式的压力。如果甲方能给予一定账期，乙方后续采购量将加大。

由于无法判断乙方信用风险，甲通过信用视界下单了乙的线上信用报告，报告显示乙方资信评级为D级，属于高风险企业，应避免信用交易。甲采纳报告建议之后，未同意乙方的账期请求。后根据甲反馈，乙方在2019年12月的采购中，在下订单之后，由于资金问题发生单方面弃货违约的情况。庆幸的是，甲方之前并未同意乙方的账期申请，虽然发生弃货，但由于乙方采购的产品并不是定制品，甲方仍可将商品转卖给其他客户，否则甲方很大可能将面临全部的货款损失。

乙方信用报告风险要点如下：一是乙方资信评级为D级。查看评级记录可以看出，自2018年以来，乙方信用等级有比较明显的下降，由B级低风险转变成C级和D级中高风险。二是乙方公司地址多次发生变更，表明乙方经营可能存在不稳定性。

2. 催全球海外商账催收服务

催全球海外商账催收服务自上线以来，累计接到上万家企业线上咨询，海外商账咨询的案件数量超过5000件，累计委托催收的海外案件金额约3亿美元，累计帮助进出口企业追回拖欠的海外货款金额超过800万美元，极大地帮助进出口企业减少了经济损失。

海外商账催收服务应用案例如下。

（1）案件背景

债务所在地域：美国　拖欠金额：56.96万美元　拖欠时间：六个月

债权方：广州某电子公司（知名跨国集团下属的一家专业生产电路板企业）

债务方：美国EnerDel公司（知名锂电池制造商，其母公司Ener1曾为美国电池制造行业巨头，2012年申请重组）

债权方与债务方是长期合作伙伴关系，合作前期付款一直较为稳定。2018年中旬的两批货物，债务方以资金周转有问题为由拖延支付，而后第3批货物，债务方直接以资金有问题为由拒绝提货，之后与债权方再无生意往来。债权方自行追收半年无果后，通过催全球网站提交催收需求，确定相关事项后，委托催全球进行追收。

（2）催全球海外商账催收过程

1）全面了解债务方，对接催收机构。案件委托后，催全球调取了债务方公司的线上报告，初步了解债务方大概信息。催全球从案件类型、催收地域、债务方企业性质、逾期原因等多角度匹配了美国优质催收合作商进行本地化对接催收。

2）催收方经过债权资料梳理和案情分析，制定本案催收计划。在与债务方沟通实施催收的同时，详细了解债务方的付款习惯、货运细节、拒付细节等，并深入调查债务方的经营情况，为后续的施压做好充足准备。

3）及时转换催收策略。针对前期多次沟通中，债务方始终采取消极处理方式，不直面债务问题，催收方及时转换催收策略，委派私人调查员前往债务方公司，并告知债务方调查员正在对公司进行全面调查，以进行案件所需的诉讼前期准备。

本章结语

本章介绍的信用大数据赋能场景金融案例，主要通过大数据、人工智能、区块链等新技术改变信用的表达、测量维度和评估手段，融合公共信用信息和行业信用信息，通过提供多层次、专业化的行业信用服务产品，同时解决金融机构与用户诉求不匹配的双向痛点，通过提供可视化的行业企业信用评估报告帮助银行等持牌金融机构快速辨别用户，尤其是信用白户的信用资质，防范金融风险，降低获客成本。“商圈信易贷”专注服务建材商圈、汽车商圈等线下实体商户，依托商圈经营管理者掌握的店铺经营数据构建商户信用画像并提供信贷服务。“能源信易贷”以能源产业供应链上下游的中小微企业为服务主体，以民营加油站为突破口打造面向民营油站企业的专属信贷产品。“工程信易贷”基于工程行业信用大数据建模以及对工程行业贷中、贷后全过程的供应链管理，真正实现针对工程行业中小企业的信用融资和主动授信。“进出口信贷服务”帮助进出口企业与国际接轨，快速掌握海外企业的信用状况，降低海外交易信用风险。

受篇幅所限，除本章中展示的信用大数据赋能行业金融场景，还有“信用大数据+港航信易贷”“大数据+政采信易贷”“信用大数据+知识产权信易贷”“信用大数据+供应链信贷”“信用大数据+电子商务信贷”等诸多场景。场景化成为信用大数据赋能金融科技发展的重要趋势，也让金融科技更好地服务于实体经济，解决信息不对称和技术不对称问题。

未来，场景金融将主要朝着场景服务差异化、场景技术专业化、场景地域国际化、场景管理精细化、资源配置合理化等趋势发展。一是场景服务差异化，场景金融将以行业、产业需求为导向，提供差异化服务，打造行业与产业特色品牌，主要包括场景战略定位、经营模式、产品服务的差异化。二是场景技术专业化，场景金融侧重于业务前、中、后台的全流程科技应用变革，主要利用前沿专业技术改变业务流程，推动业务创新。三是场景地域国际化，通过可复制、可推广的成功经验，将会有越来越多的场景走出国门，在国际市场归集信用大数据，实现国内外行业企业的融资需求对接，并进一步形成集聚效应，带来更多的资源、产生更高的效益。四是场景管理精细化，场景金融全面提升用户、资本、成本、流程、风险、定价等方面的精细化管理水平，尤其是针对用户进行精细化区分，构建出多维度的用户信用画像，实现用户分级分类，并提供不同的金融产品，达到精准对接的目的。五是场景实现自动化，自动建立准入、风险决策树、信用评分卡等风险管理模型，提供高精度、高效率、智能化的服务。六是场景资源配置合理化，场景金融充分发挥资金流、订单流、信息流和商流“四流合一”的优势，实现各项资源合理配置，进一步深化供给侧结构性改革，实现供给与需求更高水平的动态平衡。

后 记

本书作为全国第一本介绍信用大数据创新应用场景的图书，汇集国信联合实验室孵化、场景征集活动评选出的部分优秀场景，邀请国内众多信用服务机构共同参与编写，全面梳理了信用大数据在政务、商务、金融等领域的优秀应用场景与案例。其中，信用监管章节从商户监管、网络监管、园区管理、履约监测等方面介绍了以信用为基础的新型监管机制的建设案例，感谢中共深圳市坪山区委政法委员会、上海凭安征信服务有限公司、厦门融核致达物联科技有限公司、重庆华龙强渝信用管理有限公司等单位提供支持；公共服务章节侧重介绍政府相关部门提供的信用大数据应用场景，如信用医疗、信用教育等，感谢厦门信息集团大数据运营有限公司、厦门市易联众易慧科技有限公司、厦门融核卓越信息科技有限公司、北京信构信用管理有限公司、榆林市社会信用工作领导小组办公室等单位提供支持；企业服务章节从信用大数据服务企业的角度出发，介绍了企业信用画像构建、员工职业背景调查等场景，感谢企查查科技有限公司、亿微征信服务有限公司、北京新智数信数据科技有限公司等单位提供支持；行业应用章节以家政、交通、餐饮等重点行业为例介绍了行业信用大数据应用场景，感谢江苏满运软件科技有限公司、安徽华瑞普信科技服务有限公司、厦门身份宝网络科技有限公司、江苏斑马软件技术有限公司等单位提供支持；综合金融章节介绍了信用大数据如何赋能中小企业增信、银行风控等金融综合服务领域，如何赋能个人征信服务，感谢深圳微众信用科技股份有限公司、成都数联铭品科技有限公司、中国诚信信用管理股份有限公司、信联云（厦门）数据科技有限公司、百行征信有限公司等单位提供支持；场景金融章节介绍了商圈、能源、工程、进出口等垂直领域金融信贷服务场景，感谢易商圈（厦门）信用科技有限公司、华大云链（厦门）信息科技有限公司、易信（厦门）信用服务技术有限公司、青岛格兰德信用管理咨询有限公司等单位提供支持。

值此《信用大数据时代》付梓之际，还要感谢为本书编写提供意见和建议的单位、业内专家和同仁们，感谢国信研究院李桂超、肖荣辉、张碧峰等同志为本书编辑出版付出的努力，感谢中国工人出版社的领导和编辑对本书出版的支持和帮助。愿与各位读者朋友共勉，共谋信用未来。

曾光辉

2021 年 1 月

图书在版编目（CIP）数据

信用大数据时代：赋能社会治理、金融科技与数字经济 / 曾光辉编著. —北京：中国工人出版社，2021.5
ISBN 978-7-5008-7657-1

Ⅰ.①信… Ⅱ.①曾… Ⅲ.①信用—研究 Ⅳ.①F830.5

中国版本图书馆CIP数据核字（2021）第081963号

信用大数据时代：赋能社会治理、金融科技与数字经济

出 版 人	王娇萍
责任编辑	左　鹏
责任印制	黄　丽
出版发行	中国工人出版社
地　　址	北京市东城区鼓楼外大街45号　邮编：100120
网　　址	http://www.wp-china.com
电　　话	（010）62005043（总编室）　（010）62005039（印制管理中心）
发行热线	（010）62005996　82029051
经　　销	各地书店
印　　刷	天津中印联印务有限公司
开　　本	710毫米×1000毫米　1/16
印　　张	16.25
字　　数	260千字
版　　次	2021年7月第1版　2021年9月第2次印刷
定　　价	68.00元